AVIDEZ

Dados Internacionais de Catalogação na Publicação (CIP)
(Câmara Brasileira do Livro, SP, Brasil)

Grün, Anselm
Avidez : como deixar de querer sempre mais / Anselm Grün ; tradução de Nélio Schneider. – Petrópolis, RJ : Vozes, 2017.

Título original : Gier. Auswege aus dem Streben nach immer mehr

Bibliografia

ISBN 978-85-326-5437-3

1. Avareza 2. Avidez – Aspectos religiosos – Cristianismo 3. Cobiça 4. Espiritualidade 5. Ganância 6. Valores (Ética) I. Título.

17-01647 CDD-241

Índices para catálogo sistemático:

1. Valores : Ética : Moral cristã 241

Anselm Grün

AVIDEZ

Como deixar de querer sempre mais

Tradução de Nélio Schneider

EDITORA VOZES

Petrópolis

Título do original em alemão: *Gier – Auswege aus dem Streben nach immer mehr*

Direitos de publicação em língua portuguesa – Brasil:
2017, Editora Vozes Ltda.
Rua Frei Luís, 100
25689-900 Petrópolis, RJ
www.vozes.com.br
Brasil

Editoração: Maria da Conceição B. de Sousa
Diagramação: Sheilandre Desenv. Gráfico
Revisão gráfica: Nilton Braz da Rocha / Nivaldo S. Menezes
Capa: Idée Arte e Comunicação

ISBN 978-85-326-5437-3 (Brasil)
ISBN 978-3-89680-920-9 (Alemanha)

Editado conforme o novo acordo ortográfico.

Este livro foi composto e impresso pela Editora Vozes Ltda.

Sumário

Introdução

O tema da avidez ocupa os seres humanos desde que começaram a existir. Uma das marcas do ser humano é a mania de querer cada vez mais, de nunca estar satisfeito com o que lhe foi dado. A avidez – assim dizem, por exemplo, os sábios da Grécia – prejudica a saúde do ser humano, igualando-o aos animais. Ela destrói o fundamento da comunhão humana, é causa de desavenças e de guerras. Todos os sábios do mundo descreveram a avidez e mostraram maneiras de como o ser humano pode ser livrar dela, seja no budismo, que a encara como a principal fonte do sofrimento, seja na filosofia grega ou romana, seja no Antigo Testamento, no qual os sábios unem a sabedoria grega e a judaica. No entanto, ao lado dos elementos destrutivos, a avidez também tem aspectos vitalizantes e prazerosos. Isso foi repetidamente enfatizado pelo teólogo evangélico Friedrich Schorlemmer em seu livro *A avidez e a felicidade*:

> A avidez como manifestação vital sumamente expressiva que comporta também boa parte do nosso anseio por felicidade, como anseio por vida farta e abundante, também pode ser uma energia vital irrenunciável (SCHORLEMMER, p. 13).

Não se trata, portanto, de eliminar a avidez do ser humano porque isso o deixaria desestimulado. Trata-se, muito antes, de transformar a força destrutiva da avidez em energia que proporciona vida. Como conseguir isso? O objetivo deste livro é sugerir maneias de alcançar esse objetivo.

O tipo destrutivo de avidez

O tipo destrutivo de avidez está muito disseminado nos dias atuais. E tem muitas facetas. Nós falamos de ganância, a avidez por acumular cada vez mais coisas somente para ter mais, e da sede de vingança, a avidez que se manifesta quando nossa alma narcisista foi ferida. Falamos da avidez por lucro, que não só busca obter mais dinheiro, mas também extrair o maior rendimento possível da sua aplicação. Os ávidos por lucro só ficam satisfeitos quando tiram o maior lucro possível do seu negócio e, ao fazê-lo, conseguem passar a perna em todos os outros. Schorlemmer chega a falar de um "vírus da avidez", que tem uma faceta agressiva e insaciável (cf. SCHORLEMMER, p. 16). Esse vírus da avidez manifesta-se em comportamentos muito diversificados e, em consequência, ele – a seu ver – também infecta, por exemplo, as pessoas tagarelas e as que são viciadas por sol, ou seja, as que não conseguem parar de falar e as que estão o tempo todo à cata de um pouquinho mais de sol.

A base da avidez é o egocentrismo, que se limita a girar em torno de si mesmo, que está enamorado de si mesmo. Ele se manifesta hoje no fenômeno do narcisismo, que, segundo dizem os psicólogos, está aumentando constantemente. Ou seja, a atenção que se consegue nunca é suficiente. É preciso compensar a solidão interior com doses cada vez maiores de atenção de fora. É a avidez por exibir-se o tempo todo. Ela se manifesta hoje não só na mania de se prostituir publicamente, ou seja, tornar uma vida arruinada interessante mediante sua exibição pública na televisão. Ela se mostra também na constante necessidade de autorretratar-se para os amigos virtuais nas redes sociais. Só quem aparece está vivo. A capacidade de desfrutar algo sozinho, de estar a sós com seus pensamentos, evidentemente se perdeu. A essa obrigação de exibir-se constantemente corresponde uma linguagem de superlativos. Tudo o que sou e faço tem de ser "super", "mega", "irado". Essa obrigação faz com que deixemos de ver as coisas modestas e discretas. Identificamos nessa atitude o lado patológico da avidez.

A avidez sexual

Outra forma de avidez é abandonar-se aos instintos, a busca insaciável da sexualidade. Esse abandono mostra-se hoje não tanto na vivência intensa e concreta da sexualidade com um amigo ou uma amiga. Bem pelo contrário, os psicólogos relatam que muitas pessoas hoje temem a sexualidade vivida, porque para isso teriam de entregar-se e libertar-se do seu próprio ego. Para muitos isso é perigoso demais. A avidez por sexualidade manifesta-se hoje mais no aumento da demanda por exibições sexuais, pornografia infantil ou outras atividades pornográficas na internet. Este é ávido por meninas de 14 anos de idade, aquele por meninos adolescentes, um terceiro por homens adultos ou mulheres adultas. A oferta é grande. E evidentemente se faz uso dela.

As pessoas que assistem a essas exibições pornográficas na internet são inquietas. Elas não conseguem aquietar-se; não conseguem desfrutar o seu tempo livre. Elas são incapazes de ler um livro com tranquilidade. Às vezes trata-se de um verdadeiro vício passar todo minuto livre na internet em busca de exibições sexuais. A essa inquietação associam-se a consciência pesada e os sentimentos de culpa que corroem o praticante. Essas pessoas sentem sobretudo o mal-estar interior de levar uma vida dupla: para fora elas são, por exemplo, o gerente bem-sucedido; para dentro, o homem ávido que coloca todo minuto livre em função de seu vício. A pessoa se sente dividida interiormente e tenta encobrir essa divisão com agitação incessante.

A avidez por informação e conexão em rede

Em contrapartida, observo nas pessoas jovens um comportamento que chega a ser compulsivo: todo instante livre é usado para verificar nas redes sociais se chegou alguma nova mensagem de algum dos seus amigos virtuais. Elas gostariam de estar constantemente informadas das atividades das demais. O que move muitas delas certamente é um anseio compreensível por comunhão em meio a um mundo anonimizado. Outras, porém, também estão viciadas em querer estar sempre informadas sobre o que fazem as demais. Contudo, essa avidez por estar informado sobre seus amigos é intensificada ainda mais pela avidez por estar informado sobre tudo, de modo geral. No entanto, hoje há tantas informações na internet que nunca se consegue saber tudo.

Em Hong-Kong observei pessoas sentadas em uma lanchonete. Comer o lanche era apenas um detalhe. A atividade mais importante era acessar todas as informações possíveis com seus smartphones e tablets. Duas pessoas lanchando juntas eram duas pessoas sentadas uma ao lado da outra, mas sem comunicação. Ambas se ocupavam só com seus aparelhos. A avidez por obter todas as informações possíveis e por estar a par de tudo era maior do que a necessidade de se comunicar com a pessoa ao lado. Não pretendo demonizar nem as redes sociais nem os modernos meios de comunicação em geral. Eles também nos possibilitam ótimas maneiras de manter contato e de obter informações importantes com facilidade. No entanto, o afã com que algumas pessoas utilizam esses novos meios parece estar impregnado de avidez.

A avidez pelo supérfluo

Outra variante da avidez é o ansioso envolvimento com as coisas cotidianas. As pessoas se diluem de tal maneira no cotidiano que esquecem de viver o instante; elas se deixam arrastar, em vez de estarem presentes no momento. Em amplos círculos é possível constatar a perda da transcendência que poderia relativizar esse girar em torno de si mesmo. Muitas pessoas se agarram convulsivamente aos esquemas superficiais da vida. Para elas, a vida se esgota no planejamento dos próximos eventos. Correm de uma vivência para outra sem estarem presentes em nenhuma. A avidez se expressa hoje com frequência no enredamento existencial na vida supérflua: tudo é supérfluo, destituído de significado mais profundo. Em vez de empenhar-se pelo essencial e pelo que os gregos e romanos chamaram de ócio, em vez de bater-se pelo conhecimento mais profundo da verdade, as pessoas se perdem em atividades não essenciais. Os gregos falavam de alegrar-se com a verdade, falavam da alegria da contemplação. Essa alegria cede espaço hoje para as muitas formas do *frenesi*: consumo, rapidez... E, em vez de sondar o mistério do ser humano através do diálogo – no clássico *symposium* dos gregos –, as pessoas se deixam nortear pela bisbilhotice e delação de segredos: espionam a vida privada dos outros, em vez de aprofundar-se no mistério da existência humana.

Ganância

Além disso, existe a ganância com suas mais diferentes facetas: a avidez por possuir cada vez mais dinheiro, por obter cada vez mais lucro, por acumular cada vez mais riqueza. E existe a ganância associada à avareza. Esse tipo de avidez inclusive já se tornou aceitável. Uma empresa alemã escolheu o seguinte *slogan* publicitário: "*Geiz ist geil!*" [tradução literal: "Avareza é uma beleza". Ou, mais livre: "Como é legal ser pão-duro"]. No início, foi um grande sucesso. As pessoas se deixaram levar pela avidez dos preços mais baixos possíveis. Entrementes, porém, esse *slogan* já foi abandonado, não só porque muita gente protestou contra ele, mas também porque não trouxe o sucesso que se esperava. Em algum momento ele não serviu mais; mas também mostra que a avidez é o motor da nossa economia.

Os estrategistas de *marketing* operam com a avidez humana. Sua estratégia é exitosa quando conseguem despertar interesse. Assim, o capitalismo é praticamente inconcebível sem a avidez. Por um lado, isso tem efeitos negativos, mas, por outro lado, também pode perfeitamente ter aspectos positivos, pois a avidez impulsiona as pessoas a constantemente desenvolverem produtos novos. Ela impulsiona a economia e, desse modo, gera postos de trabalho. Mas ela também estimula o ser humano individual a desfrutar a vida. Alguém totalmente desprovido de avidez também corre o risco de ficar desestimulado. A avidez, por desfrutar a vida em sua plenitude, impulsiona as pessoas a viajarem para países distantes, verem e experimentarem coisas novas, admirarem a beleza das paisagens.

A avidez é ambivalente

Por isso, Friedrich Schorlemmer defende, em seu livro, que se deve descobrir o anseio por felicidade também na avidez ruidosa e estridente voltada para conseguir cada vez mais reconhecimento, riqueza e poder. Ele pensa que por trás da avidez está "o medo de que, na mera felicidade tranquila, esteja à espreita o tédio, o ermo da mesmice, a saciedade semimorta" (SCHORLEMMER, p. 24).

A avidez nos impulsiona a buscar nossa felicidade. Mas quando ela se manifesta somente em sua feição sensível, como avidez por mais dinheiro e consumo, por mais fama e poder, "falhamos em obter o que mais profundamente desejamos para a nossa própria vida e para a sociedade" (SCHORLEMMER, p. 24).

Não se trata, portanto, de eliminar a avidez. Isso corresponderia à ação contra a qual nos adverte Jesus em sua parábola do joio no meio do trigo, de arrancar toda a erva daninha, ou seja: eliminaríamos os aspectos bons com os aspectos ruins da avidez. Trata-se, antes, de podar a erva daninha da avidez e de transformá-la em húmus para o trigo, para que tenhamos algo que alimente não só o nosso corpo, mas sobretudo a nossa alma.

Essa ambivalência da avidez manifesta-se também na variante da avareza. A avareza pode se converter na virtude da economia. Economizar é a condição para ter sua vida sob controle. Há pessoas que nunca têm dinheiro suficiente porque lhes falta a capacitação de economizar. Algo parecido ocorre com a ambição. Ela pode sobrecarregar a pessoa e pressioná-la constantemente. Evágrio Pôntico, o monge escritor do século IV, no entanto, pensa que a ambição é algo muito bom para os monges jovens, porque ela os estimula à ascese. Ela os impele a lutar contra as paixões e derrotá-las. Mas também nesse caso trata-se de encontrar a medida certa. A ambição me impulsiona a melhorar constantemente, a não me dar por satisfeito com o que está aí. É o impulso para evoluir cada vez mais.

A palavra alemã para "ambição", "*Ehrgeiz*", significava originalmente: ser ávido por honra [*Ehre*], buscar a honra. Honra não significa só renome e fama. Honra também significa dignidade, respeito e magnanimidade. Uma pessoa honrada é aquela que goza de respeito por viver sua dignidade de ser humano. Portanto, a ambição é um bom impulso para aperfeiçoar-me e produzir algo bom para outros. Mas ela também pode assumir o controle sobre mim. Quando isso acontece, não consigo mais alegrar-me com o que alcancei, mas quero sempre mais. Nunca consigo dizer: É suficiente. E nunca serei capaz de alegrar-me com o que está aí e com o que alcancei.

Do mesmo modo que existe uma ambição "boa" e uma ambição "ruim", existe também uma curiosidade boa e estimulante e uma curiosidade desagradável, que não guarda distância. Quando leio um livro movido pela curiosidade, mergulho em um mundo estranho para mim até aquele momento e vivencio a mim mesmo de maneira renovada. Quando entro em um museu movido pela curiosidade, esta torna meus sentidos receptivos para a beleza dos quadros. A curiosidade pela interpretação de uma sinfonia de Mozart ou Beethoven aumenta a fruição do concerto. Mas existe também uma curiosidade que não guarda a devida distância, que gira o tempo todo exclusivamente em torno da fofoca e do sensacionalismo, que quer saber tudo e fica constantemente esmiuçando os erros dos outros.

A caminho de uma avidez libertadora

Em tudo isso, o que evidentemente sempre importa é guardar a medida certa. A avidez como impulso vital é algo que não devemos extinguir. A ambição pode ser uma fonte de energia para mim mesmo, para ser uma boa pessoa, para avançar em minha jornada espiritual ou para criar algo bom para outros. Mas a avidez também pode se tornar um vício que não me deixa mais ficar tranquilo. E a ambição pode ser tornar uma compulsão de querer cada vez mais e nunca desfrutar com gratidão o que criei.

As perguntas de todos os mestres espirituais do passado foram: Como nos libertar da avidez destrutiva? Quais são os caminhos espirituais capazes de transformar a avidez em um impulso bom para a vida? O que nos faz deixar a avidez e seguir para a essência, para o centro do ser humano? A pergunta pela transformação da avidez está relacionada ao anseio por tranquilidade vivaz e liberdade interior. O ser humano dominado pela avidez é inquieto e interiormente travado. Quem se deixa determinar pela avidez jamais encontra tranquilidade. Muitas pessoas anseiam por encontrar tranquilidade. No entanto, são incapazes de estar tranquilas, pois quando alguma vez se sentam quietas em algum lugar são constantemente atormentadas pela avidez de querer ainda mais, de obter ainda mais informações, satisfazer ainda mais necessidades, obter ainda mais reconhecimento. Elas vivenciam na avidez o oposto da liberdade. Tornam-se escravas da avidez por quererem obter cada vez mais poder e riqueza, fama e comunicação. Assim, minha intenção com este livro é preservar a avidez como boa energia vital, mas, ao mesmo tempo, levar à libertação dela como força destrutiva, para aquietar o coração e alcançar liberdade interior.

No que segue, não tenho a intenção de acusar ninguém nem dar lições de moral. Pretendo descrever o fenômeno da avidez e, diante do pano de fundo de narrativas neotestamentárias, indicar maneiras de nos libertar dela. A meu ver, o Novo Testamento tem coisas decisivas a dizer sobre como surge concretamente o enredamento na avidez e sobre como podemos nos livrar dele. Os textos bíblicos nos mostram as diversas facetas da avidez; não se trata só da avidez por posse ou consumo, mas pode muito bem ser a avidez por agarrar-se a algo, motivados pelo medo, ou a avidez por nos assegurar contra tudo. A avidez muitas vezes é a resposta a experiências feitas na primeira infância, como, por exemplo, quando tenho a sensação de sempre ganhar menos do que os outros, de nunca ficar satisfeito, de ficar interiormente faminto. Os textos bíblicos nos revelam as razões da nossa avidez. Ao mesmo tempo, eles nos indicam caminhos para nos livrar das suas amarras. Essa liberdade em relação à avidez, e não sua extinção completa, é a condição para encontrar a tranquilidade interior.

Assim, neste livro eu gostaria de dirigir a palavra às pessoas que anseiam por liberdade e tranquilidade interiores, que, em meio a um mundo determinado pela avidez, descobrem dentro de si o espaço em que estão livres dela, em que estão inteiramente consigo mesmas, em que são totalmente elas mesmas, livres da pressão que as leva a se justificar constantemente, a se exibir ou provar algo, livres da compulsão de satisfazer imediatamente todas as suas necessidades. Para mim, a Bíblia é um bom guia para isso: debato-me com o texto bíblico até que ele se revele a mim como um guia para uma vida bem-sucedida, como guia para a liberdade e a tranquilidade interiores.

Um olhar para a história

Pleonexia: noções oriundas da Antiguidade

Ao acercar-nos do tema da avidez é sempre bom investigar primeiro a linguagem. A palavra grega para avidez é *pleonexia*. Ela provém de *pléon* e *échein* e significa propriamente: ter mais e, então, querer ter mais. Na língua grega, esse "querer ter mais" não se restringe à posse; ele designa também a sede de poder. A atitude que está por trás disso é chamada pelos gregos de "arrogância": as pessoas se arrogam o direito de obter cada vez mais poder, reconhecimento e riqueza. Isso se refere a pessoas que buscam multiplicar suas posses ou sua influência no âmbito político, e ao fazer isso ludibriam outras, aproveitam-se delas ou até as espoliam; trata-se de pessoas que buscam subir na vida às custas de outras, que tratam com desdém. Elas estão sempre e em toda parte querendo tirar vantagem de tudo.

Os gregos viam nisso sobretudo uma atitude que perturba a convivência na comunidade. A cobiça destrói a boa ordem que Deus instaurou no cosmos e na comunidade humana. No plano pessoal, *pleonexia* designa a cobiça, a insaciabilidade e o descomedimento. Por isso, *pleonektés* também se diz para o saqueador que se apropria dos haveres dos outros. Mas *pleonexia* pode designar também a concupiscência no âmbito sexual ou erótico.

Para Aristóteles, o conceito da *pleonexia* no sentido de querer ter mais diz respeito tanto ao dinheiro, à honra e à fama quanto aos apetites do corpo. Os autores antigos, porém, consideram a *pleonexia* não só como perturbação do equilíbrio existente na comunidade. Ela também é prejudicial ao indivíduo, porque priva o ser humano de sua harmonia interior. *Pleonexia* é "estender a mão para pegar mais do que foi destinado ao ser humano" (DELLING, p. 268).

É por isso que os filósofos gregos desprezam alguém que se deixa levar pela *pleonexia*. Sobretudo a filosofia estoica propõe o ideal do sábio comedido como imagem oposta, pois a posse nos priva da liberdade. Para os pitagóricos a cobiça é a "raiz de todo mal" (RAC, K.S.F. *Habsucht*, p. 229); para Platão, ela é "consequência da degeneração do gênero humano" (p. 230).

Traduzindo a experiência grega para o nosso tempo, a atitude da *pleonexia* se expressa como "nunca ter o bastante". Há pessoas que jamais conseguem dizer: Isso é suficiente. Essa atitude vale para dinheiro e posse, para o reconhecimento que se recebe das pessoas, como também para a convivência diária. Por exemplo, quando participam de uma comemoração, ficam "plantadas" com medo de perder alguma coisa. Nunca conseguem dizer: É suficiente, agora vou para casa. Nas férias, não são capazes de dizer: Por hoje basta. Elas sempre querem vivenciar alguma coisa a mais. Por isso, nunca conseguem ficar tranquilas.

Essa atitude do "nunca é o bastante" leva à agitação incessante e à eterna insatisfação. A pessoa é incapaz de desfrutar com gratidão o que está aí. Ela sempre está pensando no que virá em seguida, e assim nunca está presente no instante. No fundo, essa atitude impede o existir humano, pois do ser humano faz parte a capacidade de estar totalmente presente no instante. Por essa razão, os gregos têm razão quando consideram a *pleonexia* como nociva ao ser humano, como destruição da dignidade humana.

Para o psicanalista alemão Erich Fromm a ganância é decorrência da orientação no ter, que ele vê como a atitude característica da nossa época. A exemplo dos gregos, ele também menciona uma ganância tripla:

> Pode ser a ganância do avarento, a ganância de quem persegue o lucro ou a ganância de quem corre atrás de um rabo de saia (FROMM, p. 113).

Também para ele a marca da ganância é o "nunca conseguir o bastante":

> O que quer que inflame sua avidez, ele jamais terá o bastante, ele nunca estará "satisfeito". Em contraposição a necessidades físicas, como a fome, para as quais há limites condicionados pela fisiologia, a avidez *psíquica* – e toda avidez é psíquica, mesmo que seja satisfeita através do corpo – é insaciável, pois nem mesmo com a satisfação da avidez é possível afastar o vazio interior e o tédio, a solidão e a depressão, que ela deveria propriamente superar (FROMM, p. 113).

O que os gregos escreveram sobre a *pleonexia* é confirmado, portanto, pela psicologia atual. Erich Fromm cita o filósofo judeu da Era Moderna, Baruch Spinoza, que – à semelhança dos gregos – entende a ganância como uma espécie de doença:

> Na verdade, porém, ganância, ambição, luxúria, e assim por diante, são espécies de demência, mesmo que não figurem no rol das doenças (SPINOZA. *Ética*, cap. 4, axioma 44, nota, apud FROMM, p. 97).

Para os gregos, um modo concreto de *pleonexia* é a *philargyria*, o amor ao dinheiro. É estar enamorado do dinheiro, que pode levar tanto ao esbanjamento quanto à avareza. O conceito da *philargyria* contradiz propriamente a imagem grega da *philía*, do amor aos amigos. Nesse caso, o amor aos amigos, que só existe entre pessoas boas, é falsificado em amor a um objeto material, ao dinheiro. Isso contradiz a essência do ser humano. O amor ao dinheiro pode se manifestar como mania de esbanjar, mas também como avareza.

Platão pensa que é mais fácil curar a mania de esbanjar do que a avareza, pois a pessoa avarenta não se permite nada; ela prejudica a si mesma com essa atitude. Platão entende a avareza como uma espécie de agressão contra si mesmo. E a cura para isso não é tão fácil quanto para a mania de esbanjar, que constitui, antes, um sintoma do desejo de obter reconhecimento de fora.

A palavra latina para avidez, *avaritia*, provém de *aveo* ou *haveo*, que significa "ventar" ou "assoprar". Avidez quer dizer, portanto: bufar por algo. Por isso, os romanos acreditavam poder ver no corpo da pessoa se ela é ávida; isso acontece quando ela bufa por algo, nunca ganha o bastante; sua respiração é pesada e seu rosto expressa avidez. A filosofia latina condena a *avaritia*, à semelhança dos filósofos estoicos gregos.

Cícero menciona a ganância ao lado da ambição e da mania de correr atrás de um rabo de saia, e a caracteriza como enfermidade da alma. Sêneca condena a cobiça, porque ela priva o ser humano de sua tranquilidade interior. Ele considera como um sinal de fraqueza quando o ser humano não lida bem com suas posses. Desse lidar bem com as posses faz parte a liberdade interior. O objetivo último de superar a ganância é, portanto, sempre alcançar a liberdade e a tranquilidade interiores.

Avidez, ganância e avareza: uma consulta ao dicionário

A palavra alemã para "avidez", "*Gier*", tem relação com o conceito "*gerne*" [= de bom grado, gostar de]. A pessoa ávida gostaria de ter algo. Isso não soa tão negativo. O conceito expressa, antes, o desejar, o ambicionar de modo geral. Esse significado corresponde ao da palavra grega *epithymia* e ao da palavra latina *desiderium*. Ela é, portanto, bem mais neutra e designa o ambicionar que pode se referir tanto a coisas boas quanto a coisas ruins. Mas, ao mesmo tempo, "*gieren*", "estar ávido", também significa um desejo ardente que tem uma conotação mais negativa. Do conceito *git*, oriundo do alto-alemão antigo, deriva-se a palavra "*Gier*", "avidez", e a palavra "*Habgier*", "ganância", mas também a palavra "*Geiz*", "avareza". Originalmente, portanto, avareza significava em alemão o mesmo que avidez. Ser avarento é ser ávido. Mais tarde, o termo "avareza" começou a ser usado no sentido de parcimônia exagerada, que, no entanto, está relacionada com a avidez: é preciso ter cada vez mais e não se pode abrir mão de nada, nem para os outros nem para si mesmo. Não se pode desfrutar nada.

Em alemão falamos de *Habgier* [ganância] ou *Habsucht* [cobiça]. É a avidez por querer ter cada vez mais ou o vício do ter. O conceito "*Sucht*", "vício", provém do antigo conceito alemão "*siech*", que significa o mesmo que doença. A cobiça, portanto, é uma doença. É preciso ter cada vez mais para compensar a falta de ser. Pelo fato de não *sermos* realmente, pelo fato de não podermos desfrutar o puro ser, substituímos o ser pelo haver. Contudo, isso leva a que necessitemos ter cada vez mais. A palavra alemã "*haben*", "ter", provém de "*heben*" e significa originalmente: pegar, agarrar algo. O viciado em ter procura agarrar cada vez mais. Ele tem de pegar as coisas com as mãos e segurá-las convulsivamente. Em alemão, falamos não só de *Habsucht*, cobiça, e *Habgier*, ganância, mas também de *Habseligkeiten*; literalmente, "venturas do ter" pertences. Pensamos, portanto, que quem tem o bastante e procura agarrar cada vez mais se torna venturoso. No entanto, pelo ter ninguém se torna venturoso, mas, pelo contrário, desventurado, infeliz.

Oriente e Ocidente: modos diferentes de lidar com o conceito da avidez

Dentre os Padres da Igreja, Clemente de Alexandria foi o que mais se preocupou com a superação da paixão da cobiça, que para ele representava uma espécie de doença incurável. Em seus escritos ele associou as representações da filosofia grega com a atitude cristã básica da frugalidade. O importante para ele, contudo, não era a renúncia à posse, pois "o necessário à vida é importante para viver sem preocupação e praticar o bem" (RAC, p. 240).

Em vez disso, Clemente de Alexandria cita um oráculo para evidenciar a força destrutiva da cobiça:

> A cobiça destruirá não só Esparta, mas todas as demais cidades (*Stromateis*, livro IV, V,24).

Em contrapartida, Clemente descreve o gnóstico cristão que é determinado pelo espírito de Jesus e, em consequência, está livre do vício da cobiça.

O que Clemente ensinou no Oriente, Ambrósio de Milão comunicou no Ocidente. Ele parte de uma ética da conformidade com o racional e com o natural:

> Pela natureza nenhum ser humano dispõe de posse privada [...] por isso mesmo, a propriedade continua sendo, no fundo, bem coletivo e só o seu uso correto, em conformidade com a natureza e com a razão, é legítimo. O uso incorreto é *avaritia* (RAC, p. 240).

A cobiça faz com que se perca o senso para o *bonum commune*, para o bem comum.

No Oriente, João Crisóstomo é quem mais repreende a cobiça dos regentes, e algumas vezes também a dos clérigos. Para ele, a cobiça dos clérigos é um sinal da decadência da Igreja, na qual o crescimento exterior (da riqueza, dos bens) não vem acompanhado de um crescimento interior.

No Ocidente, Agostinho defende uma posição mais moderada: para ele importa, antes de tudo, a mentalidade. Pois ele também conhece pobres ávidos por riqueza e, em contrapartida, ricos que dão presentes generosos e que mostram liberdade interior em relação à posse. Por isso, Agostinho apresenta Jesus Cristo como modelo para os seus leitores. Ele é o verdadeiramente pobre.

Na teologia ocidental, o tema da avidez foi desdobrado sobretudo na doutrina da concupiscência do ser humano. Nela, a concupiscência (cobiça) é vinculada principalmente à sensualidade do ser humano, que experimenta uma divisão interior; ele cobiça algo que contradiz seu objetivo espiritual. Em sua doutrina, os teólogos ocidentais tomam como ponto de referência sobretudo o capítulo 7 da Carta aos Romanos. Ali Paulo escreve sobre o conflito interior, pelo fato de haver dentro dele um anseio que contradiz a sua própria vontade. Na história da teologia houve acaloradas discussões sobre se a concupiscência provém do pecado ou se ela é inerente à essência do ser humano. O tema também foi discutido em relação ao pecado original.

As muitas discussões havidas – justamente também como discussão entre diversos teólogos católicos e protestantes no decorrer dos séculos – nos parecem estranhas hoje. No entanto, elas mostram que os teólogos cristãos sempre souberam do perigo representado pelo fato de o ser humano trazer dentro de si a tendência de ser deter minado por algum desejo intenso. Esse desejo intenso pode acabar se convertendo em avidez: em avidez por dinheiro, por experiências sexuais, por reconhecimento e poder, por sempre mais informação, por desfrute ilimitado.

O paradoxo, contudo, é que as pessoas ávidas são incapazes de realmente desfrutar; dizem os médicos que elas nem mesmo chegam a sentir o sabor do que comem. Por "não terem paladar" elas comem desmedidamente e são ávidas por algo que toque e preencha seu íntimo.

Uma olhada no Antigo e no Novo testamentos

Antes de concentrar-me em textos individuais dos evangelhos de Mateus, Marcos e Lucas, gostaria de passar rapidamente pelo Antigo Testamento e pelas cartas do Novo Testamento, para ver o que têm a dizer sobre o tema da ganância.

O Antigo Testamento sempre associa a ganância ao ganho desonesto e à atitude dos violentos. O ganancioso tira a posse do outro mediante o uso da violência. Por isso, o Antigo Testamento vê a cobiça, sobretudo, como "a busca descontrolada por multiplicar suas posses às custas dos pobres e oprimidos" (RAC, p. 236).

Mas o que Deus quer é misericórdia e justiça. Em consequência, a cobiça provoca a ira de Deus. Os profetas criticam a extorsão dos pobres pelos ricos gananciosos.

Para o filósofo judeu Fílon, a ganância é uma paixão traiçoeira, difícil de curar e "a fonte da vida infeliz" (DELLING, p. 270).

A avidez no Antigo Testamento

Entre os profetas, Jeremias é o que mais denuncia publicamente a avidez dos sacerdotes, dos governantes e dos ricos na sociedade. Ele constata o seguinte:

> Todos, pequenos e grandes, são ávidos por lucro. Todos, profetas e sacerdotes, praticam a trapaça (Jr 6,13).

A avidez sempre tem a ver com a trapaça. E essa avidez trapaceira se alastrou até mesmo na esfera do sagrado, entre os sacerdotes e os profetas, que proclamam mensagens para apaziguar as pessoas com o propósito de receber presentes delas e saciar sua avidez por riqueza. A advertência do profeta, contudo, se dirige a todos os israelitas, não só a sacerdotes e profetas:

> Mas tu não tens olhos nem coração senão para o lucro, para derramar sangue inocente, para praticar a opressão e a violência (Jr 22,17).

A avidez com frequência está associada à violência e à opressão dos pobres. Ela é mantida às custas daqueles que nada possuem ou que possuem pouco. Os ricos nunca ganham o bastante; eles sempre querem ainda mais.

O Profeta Isaías mostra-nos, em um dos seus ditos, o benefício que experimenta quem está livre de ganância e extorsão:

> Aquele que caminha na justiça e fala o que é reto, que despreza o lucro das extorsões, que impede a sua mão de receber suborno, que tapa o seu ouvido para não ouvir planos de morte e fecha os seus olhos para não ver o mal, este habitará em lugares elevados; as fortalezas de rocha serão seu refúgio, o pão lhe será dado e a água será permanente (Is 33,15s.).

Quem renuncia à ganância sempre terá tudo o que precisa para viver e possui um refúgio que ninguém poderá tirar dele. E, do alto da montanha, terá uma linda visão da paisagem; sua vida será repleta de beleza.

O ganancioso sempre quer mais; ele nunca fica satisfeito. Mas o paradoxo é este: aquele que sempre quer mais acaba perdendo tudo e aquele que está livre da ganância terá o bastante. Esse conhecimento é confirmado também pela sabedoria judaica que nos foi transmitida nos provérbios:

> O ganancioso sem escrúpulos arruína sua casa, mas quem detesta suborno viverá (Pr 15,27).

Na tradução latina, o termo equivalente a suborno corresponde à palavra *avaritia*. Quem superou a ganância terá vida longa. A pessoa ávida vive sempre com medo de não ter o suficiente. E de tanta avidez acaba destruindo o fundamento da sua vida: sua própria casa.

Por isso, o Sl 119 recomenda que demos preferência às orientações de Deus, em vez de nos dedicarmos à cobiça:

> Inclina meu coração às tuas prescrições, e não para a ganância (Sl 119,36).

A avidez nas cartas do Novo Testamento

Essa exortação do salmo encontra-se seguidamente também nas cartas do Novo Testamento. Nelas, os autores unem a sabedoria judaica à sabedoria grega; isto é, com frequência falam da ganância em conexão com os assim chamados catálogos de vícios. Esses catálogos foram muito divulgados naquela época pela filosofia estoica. A eles se contrapunham os catálogos de virtudes. Nos catálogos de vícios, a ganância era com frequência associada à luxúria e à devassidão sexual. Tanto para os vícios quanto para as virtudes era muito popular um esquema de cinco itens. A passagem que mais claramente recorre a esse esquema de cinco itens encontra-se na Carta aos Colossenses. O autor exorta o cristão a matar, também em sua vida cotidiana, os "membros" deste mundo terreno, dos quais ele, por assim dizer, se despojou no batismo, e a distanciar-se deles:

> Mortificai, pois, aquela parte de vós que pertence à terra: a prostituição, a impureza, a paixão, os maus desejos e a cobiça, que é uma espécie de idolatria (Cl 3,5).

A cobiça é especialmente acentuada nessa enumeração. Quem só se interessa pelo dinheiro, no fundo está adorando um ídolo. E quem adora um ídolo é dominado por ele e acabará sendo destruído também por ele.

Na Carta aos Romanos, Paulo inclui a ganância no rol das muitas outras atitudes negativas que são consequência da rejeição de Deus. Este não entregou os seres humanos à nulidade pelo fato de o terem conhecido, mas pelo fato de não o terem adorado como Deus. A ganância é um dos sinais dessa nulidade:

> Estão cheios de toda injustiça, malícia, ganância e maldade, repletos de inveja, homicídio, discórdias, fraudes e malvadeza (Rm 1,29).

A ganância está estreitamente ligada à inveja, fraudes e malvadeza. E ela se manifesta nas discórdias e no homicídio: quando começo uma briga com outros é porque eu gostaria de ter o que eles possuem. Com frequência, isso acaba em assassinato. Um exemplo do Antigo Testamento é a Rainha Jezabel, que instiga seu marido a matar o proprietário de uma vinha para apossar-se da terra deste.

A Carta aos Efésios atribui essa paixão negativa da ganância também ao desregramento dos pagãos, dos quais os cristãos devem se distanciar de modo especial:

> Embrutecidos, entregaram-se aos vícios, praticando avidamente todo gênero de impureza (Ef 4,19).

Heinrich Schlier interpreta esse versículo assim: os pagãos cortaram relações com Deus e, em consequência, relaxaram interiormente. E esse relaxamento leva à ganância, pois "a existência relaxada passa a ser a existência que deixou de ser plena. Para tornar-se plena em sua falta de plenitude, torna-se devassa. Ávida por ter, busca suas posses mediante a devassidão, mas jamais as recebe, visto que todas as posses escoam pelo ralo do ter, com exceção de Deus e das posses concedidas por aquele que é o Criador" (SCHLIER. *Brief an die Epheser*, p. 215).

Os cristãos, em contrapartida, devem viver da relação com Deus. Se viverem a partir de Deus e em Deus, eles se tornarão luz para o mundo, farão a luz de Jesus Cristo brilhar para dentro deste mundo. Mas a ganância não se coaduna com isso:

> Quanto à prostituição e a qualquer gênero de impureza ou ganância, nem seus nomes sejam

> pronunciados entre vós, como convém a santos (Ef 5,3).

Um dos temas da proclamação apostólica é a ganância dos que anunciam a Palavra de Deus. O próprio Paulo se defende contra essa acusação; ele sempre trabalhou para sustentar-se e nunca aceitou pagamento pela sua missão. Assim, ele escreve aos tessalonicenses:

> Nunca fomos levados por fins gananciosos (1Ts 2,5).

O autor da Segunda Carta de Pedro adverte os cristãos em relação a falsos mestres, que não só cobram pelo seu serviço, mas ainda se esbaldam na ganância, tentando comprar os cristãos com discursos fingidos:

> Levados pela ganância, eles vos explorarão com palavras mentirosas. Para eles há muito a condenação está preparada, e a ruína não dorme (2Pd 2,3).

A ganância falsifica a mensagem de Jesus. Os pregadores que sucumbiram a ela não proclamam a Palavra de Jesus, mas a distorcem de tal forma que agrada as pessoas e as levam a doar o máximo de dinheiro possível para eles.

Essa palavra é extremamente atual ainda hoje: em algumas igrejas há pregadores achando que sua prédica só é boa quando lhes rende muito dinheiro. Eles falam o que as pessoas querem ouvir e falsificam a mensagem de Jesus. Como formula a Carta de Pedro, "têm o coração exercitado na ganância" (2Pd 2,14). Pedro usa aqui uma palavra singular: *gegymnasménen*. Literalmente se poderia traduzir assim: seu coração fez ginástica em ganância. Eles treinaram seu coração para a ganância.

A avidez degrada as pessoas à condição de coisas

O Antigo e o Novo testamentos concordam, portanto, em que se deve advertir as pessoas contra a ganância. Esta é um sinal de que o ser humano não tem seu fundamento em Deus. Por não ter um fundamento que o suporte, ele busca cada vez mais coisas para preencher seu vazio interior. No entanto, essa avidez acaba levando-o à perda da liberdade e ao fracasso. A avidez é idolatria, é religiosidade falsa. Nela, o ser humano não se prende a Deus, mas a coisas terrenas. Isso não faz bem à sua alma, pois ele é marcado por aquilo a que se apega. Apegar-se a coisas materiais converte o próprio ser humano em coisa. Por isso, não é de se admirar que a avidez levou as pessoas do nosso tempo a se tratarem umas às outras como se estivessem lidando com coisas.

No seu livro *Ter e ser*, Erich Fromm expôs a ideia de que a coisificação é uma das consequências da atitude do ter. A maior das posses não é o dinheiro, mas as pessoas. Fromm atribui essa atitude à sociedade patriarcal:

> Na sociedade patriarcal, até o mais pobre dos homens ainda era proprietário de sua esposa, de seus filhos e de seu gado, dos quais ele podia se considerar senhor absoluto (FROMM, p. 74).

Em nosso tempo, isso levou as pessoas a serem vistas nas empresas como capital produtivo. Fromm vislumbra a presença desse pensamento possessivo, desse querer ter, também em outras formulações, como quando falo do "meu médico", do "meu advogado", dos "meus empregados". Além disso, com frequência consideramos a nossa saúde como uma posse. Pensamos poder ter tudo o que queremos. Essa atitude é sinal da avidez por assumir o poder sobre tudo, ter tudo nas mãos e não abri-las para nada.

Como Jesus liberta o ser humano
Parábolas e narrativas do Novo Testamento

Sobre a avidez de consumir tudo (Mt 4,1-11)

Em seguida, Jesus foi levado pelo Espírito ao deserto para ser tentado pelo diabo. Jejuou quarenta dias e quarenta noites, e depois teve fome. Aproximou-se, então, o tentador e lhe disse: "Se és filho de Deus, manda que estas pedras se transformem em pão". Mas Jesus respondeu: "Está escrito: 'Não é só de pão que vive o ser humano, mas de toda palavra que sai da boca de Deus'". O diabo o levou, então, para a Cidade Santa, colocou-o no ponto mais alto do Templo e lhe falou: "Se és filho de Deus, joga-te daqui para baixo. Porque está escrito: A teu respeito ordenou a seus anjos e eles te carregarão nas mãos, para não tropeçares em alguma pedra". Jesus lhe disse: "Também está escrito: Não tentarás o Senhor teu Deus". O diabo o levou ainda a um monte muito alto, mostrou-lhe todos os reinos do mundo com sua glória e lhe disse: "Tudo isso te darei se, caindo por terra, me adorares". Jesus então lhe falou: "Afasta-te, satanás, pois está escrito: Adorarás o Senhor teu Deus e só a Ele servirás". Então o diabo o deixou e anjos se aproximaram para servi-lo.

Primeira tentação: O que a avidez faz das nossas necessidades

Nessa narrativa da tentação, Mateus nos mostra que Jesus superou uma tripla avidez. Jesus é tentado pelo diabo, o *diábolos*, aquele que embaralha tudo, que confunde o pensamento humano, que mescla o que é bom com o que é ruim, que mistura a avidez em todas as atividades e necessidades humanas.

A primeira tentação consiste, por assim dizer, em misturar a avidez à comida. Cada qual precisa comer para manter-se vivo. Cada qual precisa consumir para poder dar algo. No entanto, a tentação consiste em pegar tudo para si, em consumir tudo. Trazido para os dias de hoje, isso não significa, em primeira linha, fazer para todos algo que possam comer. Pelo contrário, a tentação mais perigosa é que consumamos tudo, que consumamos também o sagrado para nosso proveito. Porque as pedras que Jesus deveria transformar em pão são também um símbolo do sagrado. Por causa de sua dureza a pedra muitas vezes é associada, na Antiguidade, aos poderes divinos, eternos e imutáveis. Em muitas culturas há pedras sagradas. O sagrado é subtraído ao mundo; o mundo não pode dispor dele. No entanto, hoje existe a tentação de tirar proveito até mesmo do sagrado, até a religião tem de "render" algo. Na América do Norte anuncia-se, por exemplo, algo como uma teologia do sucesso: Deus é usado para ganhar o máximo de dinheiro. *Reza e fica rico* é o título de um desses livros tipicamente norte-americanos que sucumbem totalmente a essa primeira tentação. Neles, a avidez chega a ser exaltada em termos religiosos. A oração está em função da avidez; ela torna a pessoa rica. Tudo o que fazemos na esfera religiosa tem de render algo, deve levar ao sucesso. Tudo é medido por sua utilidade; tudo está a nosso serviço e a serviço da satisfação das nossas necessidades. Desaprendemos a permitir que o sagrado seja sagrado, intocável, que esteja fora do nosso alcance. Na passagem bíblica recém-citada, pretende-se que Jesus abuse de sua relação com o Pai para satisfazer todas as suas necessidades. No entanto, Ele remete o tentador à palavra da Escritura que diz que o ser humano vive de toda palavra "que sai da boca de Deus". A verdadeira fome do ser humano é espiritual; ele pode viver das palavras que Deus fala. Essas palavras podem verdadeiramente alimentar a minha alma.

Segunda tentação: A cooptação de Deus pela avidez

No caso da segunda tentação, trata-se da cooptação de Deus. Poderíamos dizer que é a avidez por consumir inclusive Deus, usá-lo para nosso próprio proveito. Isso se manifesta na avidez por reconhecimento e fama. Como vimos anteriormente, o conceito grego *pleonexia* não se refere só a querer ter mais posses, mas também a querer ter mais reconhecimento e admiração. Pretende-se fazer mau uso de Deus para elevar a própria autoestima, sentir-se como algo especial, colocar-se acima dos outros. Poderíamos dizer que aqui se trata da tentação da grandiosidade. A psicologia nos diz que a fuga para a grandiosidade é um comportamento tipicamente narcisista: o que se quer é escapar à sensação de abandono, buscando refúgio em representações grandiosas. A espiritualidade é um campo que se presta muito bem a empreender essa fuga para a grandiosidade. No entanto, Jesus se recusa a fugir.

O aspecto perigoso dessa tentação é o abuso das palavras bíblicas: o diabo tenta Jesus citando o salmo em que Deus teria ordenado aos seus anjos que o carregassem em suas mãos. Pode-se fazer mau uso de Deus para ganhar o reconhecimento das pessoas. Nesse caso, não é Deus que importa, mas o nosso próprio ego. Quando se faz mau uso do sagrado destrói-se o que há de mais precioso no ser humano. Hoje em dia esse perigo é grande; abusamos de Deus em função da nossa própria luta contra os inimigos. Deus deve ajudar a derrotar nossos inimigos. Recorremos a Ele para justificar nossa própria obstinação.

Jesus não sucumbiu a essa tentação. Ele respondeu com outra palavra bíblica: "Não tentarás o Senhor teu Deus". Quando faço mau uso do meu caminho espiritual para produzir efeitos especiais diante das pessoas ou para desenvolver capacidades com as quais me coloco acima delas, então – na opinião de Jesus – tento Deus. Abuso de Deus em meu benefício, em benefício do meu próprio ego. Muita coisa oferecida hoje no mercado espiritual como maneira de alcançar mais experiência apenas fortalece o ego, em vez de abri-lo para Deus. Isso se deve à avidez por formas cada vez mais extraordinárias de experiência consigo mesmo, o que leva a inflar o ego, mas não a torná-lo receptivo para Deus.

Terceira tentação: A avidez por poder

A terceira tentação é a do poder. É a tentação de usar as pessoas em proveito próprio, de ter poder sobre elas, e também ter cada vez mais poder, dominar um número cada vez maior de pessoas. O poder pode levar à avidez por um poder cada vez maior. Ninguém fica satisfeito com o poder que tem como ser humano. O diabo mostra para Jesus todos os reinos deste mundo. Jesus poderia reinar sobre eles se apenas se prostrasse diante do diabo e o adorasse. Essa tentação talvez nos seja familiar em outro contexto: ela foi descrita em muitos contos como pacto com o diabo. O ser humano aumenta seu poder devotando-se ao diabo. No entanto, isso sempre tem o seu preço. O ser humano perde sua liberdade e, com bastante frequência, também seu amor; ele se torna frio e morre no seu íntimo.

Para Mateus, essa última tentação, a do poder, é a mais perigosa. Por isso, ele descreve Jesus, em seu Evangelho, como aquele que renuncia a todo poder e a toda a violência, reage de maneira não violenta à violência humana, e exatamente dessa maneira comprova sua filiação divina na confiança depositada no Pai celestial. Jesus rechaça a tentação do poder citando o Livro do Deuteronômio, quando Moisés exorta o povo de Israel a servir o Deus verdadeiro: "Adorarás o Senhor, teu Deus, e só a Ele servirás".

O que chama a atenção é que todas as três passagens bíblicas com que Jesus rechaça o diabo provêm do livro do Deuteronômio. Mateus quer mostrar com isso que Jesus esteve exposto às mesmas tentações do povo de Israel em seu êxodo do Egito. Jesus não sucumbe à tentação. Desse modo, Ele se torna fundador do novo povo de Deus, que o acompanha no caminho da provação.

À ordem firme de Jesus: "Afasta-te, satanás!", o diabo de fato se retira. No entanto, as tentações no início da atuação de Jesus ainda não acabaram. Mateus mostra isso em duas passagens do seu Evangelho. Em primeiro lugar, a formulação "Afasta-te, satanás!" aparece mais uma vez. Jesus disse a mesma coisa a Pedro quando este tentou dissuadi-lo de tomar o caminho do sofrimento (Mt 16,23). Em segundo lugar, a sentença introdutória com que Mateus iniciara todas as três tentações ("Se és filho de Deus...") reaparece na cruz, quando as pessoas que zombam de Jesus o desafiam, dizendo:

> Salva-te a ti mesmo! Se és Filho de Deus, desce da cruz! (Mt 27,40).

A tentação culmina na cruz e, ao mesmo tempo, é ali que Jesus a supera definitivamente.

Depois de Jesus ter resistido às três tentações no deserto, satanás se afasta dele e anjos vêm servi-lo. O monte da tentação se torna, assim, o monte do paraíso. Isso significa que onde resistimos à tentação da avidez é o nosso paraíso. Ali experimentamos a proximidade curadora e amorosa de Deus, como foi expressa por meio dos anjos. Pelo fato de Jesus não ceder à última tentação na cruz, Ele é transferido por Deus, na ressurreição, para o paraíso, para a glória junto ao Pai.

Destronar a avidez

No seu Evangelho, Lucas procede a uma inversão: a segunda tentação é a do poder e a terceira a de abusar de Deus para a sua própria grandiosidade. Em contraposição a Mateus, que tinha um pano de fundo judeu, Lucas era grego e, na sua cultura, a maior tentação não era a do poder, mas a de se ufanar com o saber, de colocar-se acima dos demais pelo saber e por aptidões especiais. Judeus e gregos estavam, portanto, expostos a perigos específicos.

Hoje há pessoas que, como os judeus, correm mais risco de cair na tentação do poder e outras que, à semelhança dos gregos, perigam refugiar-se na grandiosidade, de reprimir seu próprio abandono e colocar-se acima de outras pessoas por meio de sua espiritualidade superior. As duas tentações são expressão de uma avidez por querer cada vez mais poder, cada vez mais renome e de alçar-se cada vez mais acima das demais pessoas. E, no fundo, trata-se da avidez por consumir também Deus e as pessoas. Todos estão exclusivamente a serviço da minha própria grandeza e do meu próprio poder. É preciso resistir a essa tentação da avidez. Jesus nos mostra como fazer isso na narrativa da tentação, na forma como foi transmitida por Mateus e Lucas: superamos a avidez quando, a exemplo de Jesus, discernimos o que está por trás dela e meditamos sobre as palavras da Bíblia, de maneira a tirar a avidez do poder que há em nós. Quando, a exemplo de Jesus, falo e lanço as palavras da Bíblia para dentro da minha avidez, ela perde seu poder sobre mim.

Sobre a avidez por riqueza (Mt 5,3)

> Bem-aventurados aqueles que são pobres diante de Deus, porque deles é o Reino dos Céus.

Transformar a avidez exterior em liberdade interior

Nosso tempo é marcado pela acumulação de fortunas cada vez maiores. Muitos estão ávidos por dinheiro e posses. Eles fazem seu amor-próprio depender do tipo de carro que dirigem ou da marca de roupa que vestem. Crianças são ridicularizadas por seus colegas na escola quando calçam tênis baratos, quando não vestem roupas de grife. Evidentemente, o amor-próprio das crianças é tão reduzido, que fazem sua aceitação depender de alguma moda cara. Muitos acreditam que precisam dos seus símbolos de *status* para poderem aparecer entre as pessoas. Eles confiam tão pouco em si mesmos que precisam se esconder atrás de alguma coisa. Às vezes tem-se a impressão de que algumas festas e alguns eventos só servem para possibilitar que os ricos ostentem sua riqueza ou os astros da mídia marquem presença. No entanto, quando se olha os bastidores, um grande vazio interior se escancara diante de nós. As pessoas estão ávidas por aparecerem nos meios de comunicação. Elas querem ser interessantes e se gabam do que possuem.

A essa avidez por ter sempre mais posses e riquezas, por obter cada vez mais publicidade, Jesus contrapõe a primeira bem-aventurança. Ele não declara bem-aventurados os que não têm dinheiro.

Ele não está interessado na pobreza exterior, mas na pobreza interior. Essa pobreza interior significa, ao mesmo tempo, liberdade interior. Só quem é interiormente pobre conseguirá chegar ao Reino dos Céus. Deus só consegue reinar dentro de quem não é dominado pela avidez por riqueza, que nos isola do nosso próprio coração.

Uma mulher me contou que não conseguia mais conversar direito com seu marido, um homem economicamente bem-sucedido. Ele só queria saber de dinheiro, poder e sexo. Embora fosse inteligente, sua linguagem estava se tornando cada vez mais banal e primitiva; a posse se converteu em compensação para o vazio interior. Jesus está interessado, em primeira linha, na liberdade interior. Ele não pede que doemos todo o nosso dinheiro, mas que nosso espírito esteja livre da avidez por dinheiro.

Sobre a tripla pobreza interior

Evidentemente, também há pessoas pobres do ponto de vista econômico que estão sempre girando em torno do dinheiro, que ficam o dia inteiro pensando nas necessidades que ainda querem ver satisfeitas. Jesus pede delas a mesma mudança de mentalidade que pede dos ricos: elas não podem se definir a partir do dinheiro, mas devem fazê-lo a partir do seu eu verdadeiro.

Ninguém entendeu melhor essa dimensão espiritual da primeira bem-aventurança do que o místico alemão Mestre Eckhart. A liberdade de espírito é, no fundo, a liberdade em relação ao próprio ego. Quem é pobre no espírito é receptivo para a sua verdadeira essência, é receptivo para Deus, que está dentro dele. Em uma prédica sobre essa primeira bem-aventurança, Mestre Eckhart fala de uma pobreza tripla: pobre no espírito é aquele que nada quer, que nada sabe e que nada tem. Para o ser humano isso significa não querer alcançar nada no seu caminho espiritual. Ele não usa Deus para obter algo para si, nem para vivenciar a satisfação dos seus desejos nem para se sentir melhor ou mais seguro em Deus. Pobreza no espírito significa ausência de intenção. E, exatamente na relação com Deus e também com pessoas, essa ausência de intenção é o pressuposto de um encontro exitoso.

Quando alguém quer algo de mim, encontro-me com ele de um modo muito restrito. Nesse encontro não pode ocorrer transformação alguma, nenhum contato físico com o outro. Ele se limita a uma relação de negócios, não corresponde ao mistério do encontro pessoal.

No seu livro *Ter ou ser*, Erich Fromm interpretou a prédica de Mestre Eckhart como exemplo para a orientação no ser. Sobre o "não querer", ou seja, a ausência de intenção, ele escreve o seguinte:

> Quando diz que não devemos ter vontade, Eckhart não pensa que devamos ser fracos. Ele está falando daquele tipo de vontade que é idêntico ao desejo intenso que nos impulsiona. [...] *O ser humano que nada quer é aquele que não cobiça coisa alguma* (FROMM, p. 66).

A segunda forma de pobreza, segundo Mestre Eckhart, é que não saibamos nada. Encontramos palavras semelhantes na literatura sapiencial de todos os povos. O verdadeiro sábio sabe que nada sabe. No entanto, Mestre Eckhart tem uma compreensão um pouco diferente dessa palavra. O verdadeiro sábio tampouco sabe algo do agir de Deus nele próprio; simplesmente se entrega a Ele. Não sabe como, quando nem onde Deus age nele. Desiste de explicar o agir de Deus, mas abandona-se ao mistério da sua graça. Também desiste de explicar tudo com precisão. Com o auxílio de Mestre Eckhart, Erich Fromm interpreta essa bem-aventurança assim:

> Isso significa que não deveríamos encarar o saber como uma posse que nos proporciona uma sensação de segurança e identidade; não deveríamos estar "cheios" do nosso saber, não deveríamos nos aferrar a ele nem ser ávidos por ele (FROMM, p. 67).

Em terceiro lugar, pobreza significa, segundo o Mestre Eckhart, que nada tenho. Nada me pertence, nem uma pessoa, nem minha casa, nem minha vida. Posso desfrutá-las, mas sei que só me foram emprestadas. Meu corpo me foi presenteado, mas não tenho como me apossar dele e garantir seu bom funcionamento mediante um modo saudável de viver. Eu sou o meu corpo, mas ele também escapa ao meu controle. Pessoas que amo não me pertencem. Elas são livres, e só quando as deixo livres consigo amá-las de verdade.

Porém, acima de tudo, Deus não me pertence. Não possuo Deus; entrego-me a Ele de mãos vazias. Assim, para o Mestre Eckhart, a pobreza no espírito é a atitude decisiva diante de Deus, que vem ao nosso encontro, une-se a nós, mas não podemos prendê-lo. Ele é o indisponível, que escapa ao nosso controle. Enquanto pensarmos que temos dentro de nós um lugar no qual Deus pode agir, ainda estamos diferenciando entre Ele e nós. É Deus mesmo quem prepara dentro de nós o lugar no qual Ele pode agir. Nesse contexto, o Mestre Eckhart faz a prece à primeira vista incompreensível:

> Por isso, peço a Deus que me livre "de Deus" (FROMM, p. 68).

Devo simplesmente deixar Deus agir em mim, sem que eu diga: Tenho Deus dentro de mim, ou: Tive uma experiência com Deus. Simplesmente deixar Deus agir sem refletir sobre isso. Nisto consiste, segundo o Mestre Eckhart, o terceiro modo da pobreza no espírito: não tenho nada na mão; não tenho nada na cabeça. Simplesmente deixo Deus agir como lhe agrada.

No budismo, fala-se nesse sentido de "não apegar-se". Isso corresponde ao "ser pobre no espírito" do cristianismo ou de Jesus: não estou apegado às coisas. Não permito que elas me determinem. Toco-as, mas elas não ficam grudadas em mim, puxando-me para baixo ou se apossando de mim.

No Sermão da Montanha, Jesus dá uma resposta à sabedoria do Oriente. Jesus mostra-nos ali um caminho óctuplo para uma vida bem-sucedida. Poderíamos entender isso como uma resposta ao caminho óctuplo de Buda para a vida bem-sucedida, mesmo que historicamente não seja possível provar que Jesus tenha pretendido dar uma resposta à sabedoria de Buda.

O Evangelho de Mateus narra já de início que os sábios vieram do Oriente a Belém para expressar que, nesse Jesus de Nazaré, está unificada a sabedoria do Oriente e do Ocidente, do Sul e do Norte. Eles se curvam diante da sabedoria que veio ao mundo na criança que repousa no colo de Maria. Mateus retoma esse tema ao comparar Jesus com Salomão; a rainha do Sul veio para escutar a sabedoria de Salomão. O próprio Jesus diz de si mesmo:

> Aqui está alguém maior do que Salomão (Mt 12,42).

Em suas palavras, Jesus retoma o anseio dos sábios do Oriente e do Sul e o sobrepuja. A sabedoria de todos os povos trata sempre da questão referente a como a vida pode ser bem-sucedida. A questão básica de toda sabedoria é como o ser humano pode vir a ser feliz. Os caminhos que a sabedoria oferece são parecidos. Jesus retoma a sabedoria do Oriente quando se trata de não apegar-se às coisas, da liberdade interior em relação a coisas e pessoas. E à rainha de Sabá ele responde, dizendo como o ser humano pode alcançar a felicidade.

Para Gregório de Nissa, a pobreza no espírito é a condição para alçar-se a Deus em liberdade. Portanto, ele não interpreta essa bem-aventurança em termos moralizantes, como renúncia a toda a posse, mas em termos místicos, como caminho até Deus:

> Queres saber quem é pobre no espírito? Aquele que oferece o bem-estar do corpo em troca da riqueza da alma; aquele que passa necessidade por causa do espírito, aquele que se livra da riqueza terrena como se fosse uma carga, para poder levantar voo e ganhar altura pelos ares (GREGÓRIO, p. 163).

Portanto, a pobreza interior eleva a alma até Deus. Ela nos liberta de todo apego. A posse nos puxa para baixo. O espírito que se tornou livre do apego ao material é capaz de elevar-se até Deus pela contemplação e tornar-se um com Ele.

"Porque deles é o Reino dos Céus"

Como a felicidade brota das oito bem-aventuranças, ou melhor, quais atitudes estão por trás delas? Isso é concretizado por Jesus no texto do Evangelho de Mateus na oração subordinada que começa com "porque". No que se refere à primeira bem-aventurança, a da pobreza no espírito, segue-se a seguinte frase: "Porque deles é o Reino dos Céus". Para Mateus, o Reino dos Céus é o que, no Evangelho de Marcos, Jesus chama "Reino de Deus". O Reino dos Céus é o lugar em que Deus reina dentro de nós. Quem é pobre no espírito renuncia a ter o domínio de tudo e a controlar tudo dentro de si mesmo; está aberto ao domínio de Deus. Quando o reinado de Deus é exercido na vida de uma pessoa, ela se torna totalmente ela mesma; encontra em si o seu verdadeiro eu. A imagem do Reino dos Céus tem a seguinte conotação nessa pessoa: o céu se abre. Dentro dela há um céu, um espaço de amplidão e liberdade, de plenitude e amor. Quando Deus reina dentro de nós não somos mais dominados pela avidez ou pelas nossas próprias necessidades. O domínio de Deus nos liberta interiormente. No Evangelho de Lucas fica claro que se trata de um domínio interior de Deus, não de uma dominação mundana, exterior. Jesus diz:

> O Reino de Deus está dentro de vós (Lc 17,21).

Dentro de nós há um espaço sobre o qual Deus reina. Nesse espaço interior de quietude estamos livres da avidez. Nunca estaremos totalmente livres; porém, temos dentro de nós um lugar no qual somos livres. Recolher-nos seguidamente a esse espaço interior de liberdade nos faz bem. Assim, a avidez também não nos dominará em outras áreas de nossa vida, mas nos impulsionará para a vida como "avidez saudável".

Sobre a avidez por segurança absoluta (Mt 6,25-34)

> Não vos preocupeis com a vossa vida, com o que comereis; nem com o corpo, com o que vestireis. Não será a vida mais do que o alimento e o corpo

> mais do que as vestes? Olhai os pássaros do céu: não semeiam, nem colhem, nem guardam em celeiros, mas o Pai Celeste os alimenta. E vós não valeis muito mais do que eles? Quem de vós, com suas preocupações, pode aumentar a duração de sua vida em um momento sequer? E por que vos preocupais com as vestes? Observai como crescem os lírios do campo; não trabalham nem fiam. Mas eu vos digo que nem Salomão, com toda a sua glória, se vestiu como um deles. Se Deus veste assim a erva do campo que hoje cresce e amanhã será lançada ao fogo, quanto mais a vós, gente de pouca fé! Por isso, não vos preocupeis, dizendo: "O que vamos comer? O que vamos beber? Com que nos vamos vestir?" São os pagãos que se preocupam com tudo isso. Ora, vosso Pai celeste sabe que necessitais de tudo isso. Buscai, pois, em primeiro lugar, o Reino de Deus e sua justiça, e todas essas coisas vos serão dadas de acréscimo. Não vos preocupeis com o dia de amanhã; o dia de amanhã terá suas próprias dificuldades. A cada dia basta o seu peso.

Preocupar-se traz preocupação

Outra forma de avidez é a avidez por segurança absoluta. O ser humano quer assegurar-se contra todos os riscos. Ele quer assegurar-se contra roubo, contra enchente, contra desmoronamento, contra incêndio, e gostaria de ter sua vida assegurada. É a essa avidez por segurança absoluta que Jesus se refere quando conclama seus discípulos a não se preocuparem. A preocupação é expressão da avidez por querer ter tudo sob controle, por tomar todo cuidado para que tudo esteja suprido e em segurança. A meu ver, a preocupação também é expressão de uma avidez por controle. Isso é muito cansativo.

Peter Schellenbaum vê como arquétipo do ser humano que gostaria de ter tudo sob controle o herói grego Sísifo. O que Sísifo queria na verdade era ser imortal. Os deuses permitiram que ele fosse imortal, mas apenas com a condição de que ele empurrasse uma grande pedra até o alto de uma montanha e a deixasse rolar montanha abaixo do outro lado. No entanto, sempre que Sísifo está a ponto de alcançar o cume da montanha empurrando a pedra, ele fica totalmente sem forças e a pedra rola de volta. Para Schellenbaum, esta é a imagem das pessoas que fazem de tudo "para assumir o controle sobre suas vidas. Contudo, de modo mais radical do que acontece com outras, elas perdem totalmente o controle e entram em colapso" (SCHELLENBAUM, p. 57).

Existir é preocupar-se

Segundo Martin Heidegger, o ser humano é essencialmente alguém que se preocupa. Existir é preocupar-se. Estar no mundo quer dizer preocupar-se consigo mesmo e com a sua existência, cuidar de si mesmo. A preocupação torna o ser humano inquieto e não o deixa jamais ficar totalmente descansado; ela pode escravizar o ser humano, que passa a girar unicamente em torno de sua preocupação. E quando se livra de uma preocupação, outra já se anuncia. Martin Heidegger cita a fábula romana da preocupação, da *cura*, que ilustra de modo muito vívido o fenômeno da preocupação:

> Um dia em que "Preocupação" (*Cura*) atravessa um rio, vê um lodo argiloso: pensativa, pega um tanto e começa a modelá-lo. Enquanto reflete sobre o que fizera, Júpiter intervém. "Preocupação" lhe pede que empreste espírito ao modelo, no que Júpiter consente de bom grado. Mas, quando "Preocupação" quis impor-lhe seu próprio nome, Júpiter a proíbe e exige que seu nome lhe deveria ser dado. Enquanto "Preocupação" e Júpiter discutiam sobre o nome, a Terra (*Tellus*) surge, pedindo também que seu nome fosse dado a quem ela dera o seu corpo. Os querelantes tomam, então, Saturno para juiz, o qual profere a seguinte decisão aparentemente equitativa: "Tu, Júpiter, porque deste o espírito, deves recebê-lo na sua morte; tu, Terra, porque o presenteaste com o corpo, deves receber o corpo. Mas, porque 'Preocupação' foi quem primeiro o formou,

> que ela então o possua enquanto ele viver. Mas, porque persiste a controvérsia sobre o nome, ele pode se chamar *homo*, pois é feito de *humus* (terra)" (*Sein und Zeit*, p. 42 [ed. bras.: *Ser e tempo*, p. 551-553).

Portanto, toda a existência do ser humano é determinada pela preocupação consigo mesmo. Enquanto viver, ele estará em poder da preocupação. Somente quando morrer a preocupação deixará de dominá-lo. Então, ele pertencerá a Júpiter e, respectivamente, à Terra. Os romanos expressaram nessa fábula que tudo o que fazemos é marcado pela preocupação. Ela nos impele a trabalhar, a ganhar o sustento, a assegurar o futuro, a multiplicar nossas posses, para que no final possamos viver tranquilos e seguros. Pessoas que, com sua preocupação, querem assumir o controle de sua vida dão "uma impressão, ao mesmo tempo, heroicamente esforçada e resignadamente abatida" (SCHELLENBAUM, p. 56).

Exatamente por quererem controlar tudo, a vida seguidamente foge ao seu controle. O que foi construído com muito esforço volta a desabar.

Encontrar o caminho que leva da preocupação à confiança

Jesus quer libertar o ser humano de sua preocupação e da compulsão pelo controle. Ele nos convida a confiar em vez de nos preocupar. A confiança é o caminho que não nos deixa girar sempre em torno de nossas próprias preocupações.

Entretanto, dificilmente haverá outro texto da Bíblia que tenha provocado tanta crítica quanto este, sobre a preocupação. A pergunta que fica é esta: Isso é mesmo realista? Não devemos cuidar do nosso futuro? Não seria irresponsável não cuidar do amanhã? Ernst Bloch chega a opinar que o texto mostra a ingenuidade econômica do cristianismo. O que Jesus quer nos dizer hoje com essa conclamação a não nos preocuparmos? Ele legitima o estilo de vida alternativo que acusa a burguesia de cultivar um conceito exagerado de trabalho e uma falsa legitimação de posse?

A palavra de Jesus pode ser uma resposta à preocupação que nos deixa intranquilos e que nos acossa. Um exame mais preciso do que está escrito ali nos mostra que a palavra grega para preocupação, *merimná*, refere-se ao preocupar-se com algo no sentido de cuidar ou suprir, ter algo em vista, temerosa expectativa em relação a algo, angústia em vista de algo. Com frequência ela também assume a conotação de aflição ou sofrimento por causa de algo. Os gregos falam das preocupações torturantes e importunas a que o ser humano está sujeito. Esse tipo de preocupação sempre está associado à angústia. É agir motivado pela angústia; "a prática da angústia diante da existência" (Ulrich Luz).

A angústia também é a razão pela qual pessoas como Sísifo querem controlar tudo. Elas sentem angústia diante do caos interior e querem assumir o controle sobre ele. Elas, porém, conseguem exatamente o oposto: o caos rompe o controle. E toda preocupação se evidencia como malsucedida.

É esse preocupar-se angustiado que Jesus tem em mente nessa fala. Ele usa duas imagens para dar uma resposta a ela: a primeira é a imagem dos pássaros que não semeiam nem colhem. Ao dizer isso, Ele tem em vista o trabalho do homem. Com a imagem dos lírios do campo que não fiam, Ele responde ao trabalho típico das mulheres. As duas espécies de trabalho são boas. Porém, o ser humano pode extrapolar o seu trabalho. Em vez de trabalhar confiando no provimento de Deus, ele se angustia e acha que tudo depende dele. O que o acossa é, em última análise, o medo de receber menos do que o outro, de não ganhar o bastante. Essa angústia falsifica seu trabalho; ela o impede de sentir alegria ao realizá-lo, de sentir prazer em ser criativo. Nesse caso, o trabalho nada mais é do que preocupação e angústia. Estas acossam o ser humano e o mantêm permanentemente inquieto.

Remédio contra a angústia: viver o instante presente

É compreensível que o ser humano se angustie com a sua vida e o seu futuro, pois sua existência neste mundo está em risco. Mas o fato de sua existência neste mundo não estar assegurada não deve lançá-lo em preocupação angustiante, mas dar-lhe a confiança de que o próprio Deus está provendo o que ele necessita. Sísifo quis obter a imortalidade. Decerto é isso que está por trás de todo desejo de controlar: não queremos nos conformar com nossa mortalidade. Gostaríamos de obter a imortalidade, manter tudo sob controle, inclusive a vida.

Jesus nos mostra outro caminho. Ele nos convida a viver o instante presente, como os pássaros e os lírios simplesmente o fazem. Além disso, Ele nos remete a outra realidade, ao Reino de Deus: "Buscai, pois, em primeiro lugar o Reino de Deus e sua justiça, e todas essas coisas vos serão dadas de acréscimo". Não se trata de assegurar a vida terrena, mas de que Deus reine em mim. Quando Deus reina em mim, perco a angústia de ter de dominar tudo, de querer ser dono inclusive da minha vida.

Se eu girar apenas em torno de mim e da minha angústia, toda minha vida será corroída pela preocupação e, cheio de inquietação, ficarei procurando novas maneiras de me assegurar. A perspectiva do Reino de Deus relativiza minha preocupação. Por mais sofisticadas que sejam as medidas de segurança que tomo contra o roubo, jamais poderei evitá-lo. Posso pagar o quanto quiser de seguro de vida, mas não vou conseguir prolongar minha vida por um dia sequer. Não tenho garantia de vida saudável e idade avançada. Estou nas mãos de Deus. O decisivo é que venha o Reino de Deus, que Deus reine também em mim. Se Ele reinar em mim ficarei livre de toda preocupação torturante, então Ele me libertará dos ídolos deste mundo, aos quais me agarro angustiado e que não me deixarão em paz enquanto eu não lhes pertencer por inteiro.

Descobrindo o "tesouro no céu"

A preocupação angustiante obscurece o espírito. Homero já descreve isso ao falar o seguinte de Sísifo:

> O suor lhe escorria pelo corpo e uma nuvem de poeira lhe anuviava a cabeça (*Odisseia*, XI, 600).

A preocupação leva a que nos esforcemos e, de tanto esforço, comecemos a suar. Mas nossa cabeça está anuviada. É ilusão querer assumir o controle de nossa vida. A cabeça anuviada pela avidez me levará a assumir gastos e contratar seguros absurdos. Jesus quer nos libertar da preocupação angustiante, para que possamos assumir sensatamente a responsabilidade por nós mesmos e pela nossa família. O segredo está em prover para o futuro e, ao mesmo tempo, desprender-se reiteradamente da preocupação. Devo fazer o que está ao meu alcance e depois entregar-me confiante a Deus.

Na função de despenseiro, passei 36 anos cuidando para que a abadia tivesse uma base financeira sólida e seus colaboradores pudessem contar com um posto de trabalho seguro. Porém, também fiz a experiência de como os tesouros terrenos estão em perigo. Em meu trabalho com finanças consegui compreender de maneira nova a seguinte palavra de Jesus:

> Não ajunteis tesouros na terra, onde a traça e a ferrugem os corroem, e os ladrões assaltam e roubam. Ajuntai tesouros no céu, onde nem traça nem ferrugem os corroem, onde os ladrões não arrombam nem roubam. Pois onde estiver o vosso tesouro, aí também estará o vosso coração (Mt 6,19-21).

O dinheiro e as construções que edificamos com ele podem ser rapidamente destruídos. O dinheiro pode desvalorizar. Empréstimos não são devolvidos. Nada é seguro. Diante disso, Jesus nos remete ao tesouro no céu. Com certeza Ele está pensando em boas ações. Mas o tesouro no céu pode também ser a riqueza interior da alma; o tesouro equivale ao eu verdadeiro. É desse tesouro que devemos nos ocupar. No entanto, esse tesouro – diz Jesus na Parábola do Tesouro no Campo [Mt 13,44] – está escondido no campo da nossa alma. Temos de sujar as mãos para chegar a ele. Trata-se de cavar através da sujeira do nosso caos interior para achar o tesouro no fundo de nossa alma.

Em vez de angustiar-nos e preocupar-nos com nossa segurança, devemos ter em vista o Reino de Deus. Essa imagem quer dizer que Deus reina em meu coração e me orienta para a minha verdadeira essência, para a imagem singular que Ele tem de mim. Esse Reino de Deus em mim está no fundo da minha alma ou, como Jesus diz em

Mateus: no recinto secreto do meu coração. Quando me recolho para dentro de mim mesmo, no recôndito da minha alma, descubro ali o Deus que reina em mim. E ali fico livre da preocupação. Quando estou em contato com esse espaço silencioso, minha vida se acerta, passo a viver de maneira justa, como corresponde à minha essência; sou posto de pé e fico em pé. Nesse espaço interior silencioso cessam as preocupações. Ali elas não têm acesso. Ali fico livre de toda compulsão para controlar a mim e a minha vida. Quando chego ao espaço interior silencioso, ao "Reino de Deus em mim", posso realmente dizer com Teresa de Ávila: Deus é o bastante. Então faço a experiência de que não preciso preocupar-me com mais nada. Não preciso mais importar-me se estou preenchendo as expectativas e demandas das pessoas. Porque as pessoas com suas expectativas e seus juízos não têm acesso a esse espaço.

Nesse recinto interior, nem mesmo a angústia consegue penetrar. Ali dentro posso, por um instante, fazer a experiência de que tenho tudo o que preciso para viver. Nesse ponto, cessa a angústia diante do meu futuro econômico. Isso não quer dizer que devo agir irresponsavelmente com as minhas finanças. Porém, existe dentro de mim um espaço que não é atingido por esse tema. Isso me dá verdadeira liberdade e tranquilidade. Nesse espaço interior nenhuma preocupação me aflige. Independentemente do que acontecer comigo, de uma coisa estou certo: Deus está em mim. E onde Deus, o mistério, habita em mim, ali posso me sentir em casa; ali me sinto apoiado e protegido, apesar de estar em meio à falta de proteção e de segurança do mundo. Deus é propriamente quem liberta o ser humano da preocupação.

Com suas palavras sobre a despreocupação Jesus nos mostra uma maneira de nos libertar da angustiante preocupação conosco mesmos, da avidez por segurança, da proteção diante das eventualidades da vida, da avidez por querer controlar tudo. O caminho até a liberdade passa pela confiança de que Deus provê o que preciso. E o caminho até a liberdade passa pelo espaço interior silencioso, no qual o Reino de Deus está em mim. Onde nos importamos com o

Reino de Deus ficamos livres da avidez. Nesse lugar, encontramos a tranquilidade interior.

A avidez por apoio absoluto (Mt 8,23-27)

> Jesus entrou no barco e seus discípulos o seguiram. De repente uma grande tempestade se levantou no mar, a ponto de o barco desaparecer entre as ondas. Jesus, porém, dormia. Os discípulos foram acordá-lo, dizendo: "Senhor, salva-nos! Vamos morrer!" Ele respondeu-lhes: "Por que esse medo, homens de pouca fé?" Em seguida levantou-se, repreendeu os ventos e o mar, e se fez grande calmaria. Os homens se admiraram dizendo: "Quem é este a quem até os ventos e o mar obedecem?"

Resistir às turbulências da vida

Outra espécie de avidez é apegar-se à vida, agarrar-se a algo, buscar o apoio absoluto. Por trás da ganância está o medo de receber menos do que o outro. Por trás da avidez por agarrar-se a algo espreita o medo de morrer. Há pessoas que se agarram a seus parceiros, a seus amigos para evitar o medo da morte. Outras se agarram a certos métodos terapêuticos ou espirituais para não sentirem angústia diante do desaparecimento.

O psicanalista Irwin Yalom pensa que muitas neuroses são sequelas da repressão do medo da morte. Nesse caso, as neuroses compensariam a contemplação dessa morte, que é parte essencial do ser humano. Quem o reprime passa por turbulências interiores e exteriores.

Na história da tempestade no mar, Mateus trata desse medo de morrer e das turbulências dele decorrentes. Ele assumiu essa história do Evangelho de Marcos, mas lhe confere uma interpretação própria: localiza a história na situação de sua comunidade e fala dos discípulos que seguem Jesus. Nesse contexto, o barco é – como viram também os Padres da Igreja – uma imagem para a nau da Igreja. Mas também é imagem da própria vida. Na Antiguidade, é usada com certa predileção a metáfora de que o ser humano durante a sua vida, por assim dizer, singra os mares com seu barco. Nossa vida é incerta; temos o barco como apoio. Esse é o nosso corpo, são as nossas capacidades. Estes, porém, estão expostos às ondas e vagas do mar.

Mateus fala aqui de um grande *seismós*, de um terremoto em alto-mar; o mar sofre um abalo. Marcos, por sua vez, fala de um turbilhão ou de um vento contrário. As duas coisas são imagens para a nossa vida ou para o ser em nossa vida: muitas vezes, a realidade sopra um vento contrário em nossa direção. De repente, tudo se volta contra nós. Lutamos contra forças que não conseguimos dominar completamente. A força que se contrapõe a nós é como o vento: não conseguimos segurá-la. Ou sentimos o vento contrário vindo de pessoas que operam contra nós. A imagem do turbilhão aponta em outra direção: somos arrastados de um lado para outro sem conseguir perceber de que lado vem o vento. Ficamos tontos, sem conseguir encontrar apoio.

Mateus imagina a situação de outra maneira ainda: acontece um grande abalo sísmico. Para ele, isso é imagem do tempo final. Os escritos apocalípticos falam do grande terremoto que abala e confunde toda a humanidade. Se interpretarmos isso tendo em vista a nossa situação, seria o seguinte: é o grande abalo que nos faz sentir medo da morte. A nossa vida sempre é tempo final. Com a morte termina a nossa vida, termina o nosso tempo. Pensar nisso nos deixa abalados e é como um terremoto que questiona a segurança com que frequentemente andamos pela vida. Porém, o abalo se refere também a turbulências psíquicas que seguidamente experimentamos, como, por exemplo, quando uma pessoa querida morre perto de nós, quando recebemos o diagnóstico de uma doença ameaçadora. Reagimos a esse abalo com agitação e angústia, mais ou menos como reagiram os discípulos.

Mateus descreve a impotência dos discípulos diante do abalo que sua vida sofreu. Eles não sabem mais o que fazer; estão perplexos e impotentes. É verdade que Jesus também se encontra no barco, mas Ele está dormindo. Poderíamos dizer que os discípulos não têm relação com Ele, e por isso não se sentem aliviados em sua angústia. Os discípulos limitam-se a girar em torno dela; mas, ao mesmo tempo, o abalo desperta os discípulos. Eles se tornam ativos. A palavra que Mateus usa para expressar isso significa, em tradução literal, "aproximar-se com pressa".

Senhor! Socorro! É o fim!

Muitas pessoas reagem com agitação ao medo de morrer. Os discípulos também ficam agitados. Sua angústia e sua inquietação interior se expressam em três breves palavras que no grego aparecem justapostas e com as quais eles despertam Jesus: "*kýrie sóson apollýmetha*". Poderíamos traduzi-las igualmente com três breves gritos de socorro: "Senhor! Socorro! É o fim!" Os discípulos não sabem que tipo de ajuda o Senhor poderia lhes dar. Simplesmente gritam por socorro. Ao fazê-lo, descrevem seu próprio estado: perecer, afundar, perder-se. Os discípulos têm medo de perder o apoio, de perder a si mesmos e afundar. Eles sentem que não poderão segurar-se nem nas pranchas do barco nem nos demais que estão nele. Eles perderam todo e qualquer apoio; então precisam de alguém que os salve. *Sóson* também pode significar: livra-nos do poder desta catástrofe! Ou ainda: preserva-nos em meio às turbulências deste terremoto! Protege nosso verdadeiro eu! Temos medo de perder a nós mesmos.

Trata-se, portanto, não só do medo de perder o chão debaixo dos pés, mas, em última análise, do medo de perder a si mesmos, sua própria identidade. Quando isso acontece, já não sei mais quem sou. Afundo no redemoinho das emoções fortes que abalam meu íntimo.

Sobre a fé fraca e o segurar

Ainda deitado, Jesus respondeu aos discípulos: "Por que este medo, homens de pouca fé?" Para Mateus, não se trata da questão "fé ou falta de fé", mas de muita ou pouca fé. Traduzido literalmente, isso quer dizer que os discípulos são "pouco crentes". Com essa descrição Mateus visa a todos nós, pois nós cremos em Deus, em Jesus. Porém, nossa fé não é suficiente para encontrar apoio firme nas turbulências de nossa vida. Ela não é suficiente para nos livrar do medo de morrer.

Nossa pouca fé não nos cura de agarrar-nos convulsivamente à vida. E, por isso, procuramos algo que nos dê apoio. Uns assinam um contrato de seguro após o outro para ter um suporte firme diante das incertezas de sua vida. Outros se agarram ao dinheiro que lhes promete segurança. Outros ainda seguram-se em pessoas. Porém, esperar o apoio absoluto de uma pessoa é sobrecarregá-la, e assim o medo de morrer fica ainda maior. O exegeta evangélico Ulrich Luz vê a pouca fé expressa no fato "de que o discípulo perde o senso para o poder e a presença do seu Senhor e, então, não *é mais capaz* de agir" (LUZ, vol. II, p. 29). Para ele, a pouca fé é "o desespero daqueles que *ousaram* algo com Deus" (LUZ, vol. II, p. 30).

Todos nós somos simultaneamente crentes e não crentes. Experimentamos o poder da fé. Mas em seguida perdemos a fé de vista. Ela parece ter escorrido entre nossos dedos. Apostamos na fé, mas agora, no momento em que toda a nossa vida é abalada, não sentimos mais nada de sua força. E, diante disso, com frequência reagimos impotentes e desesperados como os discípulos.

Em primeiro lugar, Jesus confronta os discípulos consigo mesmos e com sua pouca fé. Em seguida, Ele se levanta, repreende os ventos e o mar. "E se fez grande calmaria". No texto grego consta: *galéne megále*, isto é: uma grande e portentosa bonança, uma calmaria que deixa uma forte impressão. Quando Jesus se levanta dentro de nós surge uma calma impressionante. Somos totalmente tomados por essa calma e nada mais é capaz de nos abalar, deixar inseguros, angustiar.

Ponderando o fato de Jesus se levantar dentro de nós, poderíamos dizer também: entramos em contato com o nosso eu verdadeiro. Quando vivemos a partir do nosso eu interior, tornamo-nos calmos. Então o abalo exterior não pode nos atingir; não nos agarramos convulsivamente a pontos de apoio exteriores, não ficamos agitados.

Consequentemente, todo abalo de nossa vida é um convite para entrar em contato com Jesus, que está dentro de nós, com o nosso eu verdadeiro; é um convite para despertá-lo para que vivamos a partir desse centro interior. Esse é um caminho importante para nos libertarmos do enredamento em nossa avidez que nos faz agarrar em seguranças exteriores.

A avidez por estar bem-preparado (Mt 10,5-14)

> Estes doze Jesus os enviou, com estas recomendações: "Não sigais pelos caminhos dos pagãos nem entreis em cidade de samaritanos. Ide, antes, às ovelhas perdidas da casa de Israel. Pelo caminho, proclamai que está próximo o Reino dos Céus. Curai os enfermos, ressuscitai os mortos, limpai os leprosos, expulsai os demônios! Recebestes de graça, dai de graça! Não leveis no cinto moedas de ouro, nem de prata, nem de cobre, nem sacola para o caminho, nem duas túnicas, nem calçados, nem bastão, porque o operário é digno do seu sustento. Em qualquer cidade ou aldeia em que entrardes, informai-vos sobre quem nela é digno, e ficai com ele até irdes embora. Entrando numa casa, saudai os que nela moram. Se forem dignos, desça sobre eles a vossa paz; se não forem dignos, retorne para vós a paz. Se alguém não vos receber ou não ouvir vossas palavras, sacudi a poeira dos vossos pés ao sairdes daquela casa ou daquela cidade".

Não há como aprender a viver – é preciso fazer

Uma avidez que todos nós conhecemos é a avidez por estar suficientemente bem-preparados para a nossa jornada, para a nossa profissão, para a nossa tarefa. Há pessoas que concluem uma formação após outra por medo de não terem conhecimento e capacidade suficientes para a tarefa que assumiram. No entanto, a esse medo Jesus responde simplesmente: "Recebeste de graça, dá de graça. Eu te dei tudo o que precisas. Confia nas tuas próprias aptidões. Eu te dei todo o equipamento necessário. Não necessitas de nenhuma qualificação adicional".

Outros se preparam para uma conferência ou para uma aula com tanta energia, que não lhes resta força para as outras atividades de sua vida. Estão fixados em seu sucesso; acham que devem fazer tudo para ser bem-sucedidos. Jesus responde a essa avidez na mensagem dirigida aos discípulos enviados para anunciar a mesma Boa-nova que Ele proclamou: "Está próximo o Reino dos Céus!" Eles devem fazer as mesmas coisas que Jesus fez: "Curai os enfermos, ressuscitai os mortos, limpai os leprosos, expulsai os demônios!" A nosso ver, talvez Ele tenha pedido demais deles. Quando recebemos uma tarefa como essa, a primeira coisa que nos ocorre é que deveríamos primeiro frequentar durante muitos anos a escola de Jesus para conseguir fazer coisas parecidas com as que Ele fez. No entanto, Jesus acredita que seus discípulos são capazes de curar. Não são capazes de curar qualquer pessoa, mas a sua mensagem pode ter um efeito curativo. Eles podem fazer com que voltem à vida pessoas petrificadas em si mesmas. Com seu cuidado amoroso podem curar feridas; podem proporcionar aceitação a pessoas que não conseguem suportar nem a si próprias. Podem expulsar demônios, clarear ideias turvas, espantar "maus espíritos" que levam as pessoas a resistirem a sua transformação interior.

Aqui Jesus acha que seus discípulos são capazes de realizarem grandes coisas. Se Ele demonstrasse toda essa confiança em relação a nós, correríamos o risco de nos gabar disso. Certamente nos vangloriaríamos de ser grandes curandeiros, diríamos que de nós provém um poder curativo, que temos mãos que curam. No entanto, Jesus está ciente desse perigo. Por isso, faz aos seus discípulos a seguinte recomendação: "Recebestes de graça, dai de graça". Com referência a todas as capacidades que Jesus nos confia, sempre devemos estar cientes do perigo de atribuir tais capacidades a nós mesmos ou de exibir-nos como pessoas especialmente espirituais, como pessoas que receberam capacidades especiais de Jesus. Nesse caso, não estamos dando de graça, mas em função de nossa própria fama ou de nossa singularidade espiritual. Ficamos envaidecidos com a nossa grandiosidade; achamo-nos pessoas especiais, pessoas que curam. Mas não somos nós que curamos; recebemos de graça o poder de cura de Jesus e temos permissão para, às vezes, passá-lo adiante, mas justamente só se for de graça. Porque, como se diz em latim, recebemos o dom *gratis* ou "de presente", como é a tradução literal do conceito grego que ocorre nessa passagem.

Excesso de bagagem

Jesus passa a concretizar esse "de graça" também em termos materiais: "Não leveis no cinto moedas de ouro, nem de prata, nem de cobre, nem sacola para o caminho, nem duas túnicas, nem calçados, nem bastão, porque o operário é digno do seu sustento". Essas instruções de Jesus parecem ser condicionadas pela época e dirigir-se apenas aos pregadores itinerantes dos primeiros tempos. Conferindo-lhes esse sentido, muitos intérpretes da Igreja antiga atenuaram as palavras de Jesus. No entanto, Jesus tinha em mente aqui a proibição estrita de aceitar dinheiro em troca da proclamação.

No texto grego, a palavra que abre esses versículos é *ktésasthe*, e significa: adquirir. Os discípulos não devem aceitar ouro nem prata nem trocados pelo seu trabalho. Só o que podem esperar das comunidades é a *trofé*, a comida. A renúncia à equipagem parece uma medida radical em comparação com os pregadores itinerantes judeus ou helenistas daquele tempo. Os rabinos levavam sandálias e cajado. O cajado servia para se defenderem de cachorros ou assaltantes. Jesus, no entanto, exige que seus discípulos sejam radicalmente pobres e indefesos, e os proíbe de obter rendimentos e de esmolar. Naquela época, a mendicância religiosa era muito difundida e evidentemente também um mal. Muitos autores da Antiguidade a descreveram dessa maneira (cf. LUZ, vol. II, p. 96s.). A pobreza e a vulnerabilidade chocantes dos pregadores itinerantes dos primórdios do cristianismo são, para Ulrich Luz, um "sinal de autenticidade da proclamação, e a melhor analogia para entendê-las são as ações simbólicas dos profetas" (LUZ, vol. II, p. 97).

A questão é o que significam essas palavras de Jesus para nós hoje, e não só para sacerdotes e curas que se sentem enviados por Jesus de maneira especial. Essas palavras significam algo para todos nós. Para mim, elas querem dizer isto: não tenho a Palavra de Deus como posse para passar adiante. Sou peregrino a caminho, estou à procura de Deus. E somente como peregrino à procura posso passar adiante o que continuamente vou recebendo de Deus. O que importa não são as capacidades que trago comigo, mas minha permeabilidade para o Espírito de Deus. Essa palavra também significa para mim: jamais poderei possuir Deus nem dispor dele. Estou sempre à procura de Deus, e Ele também pode se esquivar de mim. Não posso aparecer como alguém que sabe exatamente quem Deus é, alguém que está especialmente próximo dele e, em consequência, é capaz de falar dele de maneira especial. Constantemente tenho de empenhar-me em usar palavras adequadas para falar de Deus.

Porém, as palavras de Jesus podem ser entendidas ainda de outra maneira: quando saímos de viagem queremos fazê-lo com segurança. Levamos conosco roupas suficientes, dinheiro suficiente, um celular com bastante crédito. Algumas pessoas que fizeram a peregrinação a Santiago de Compostela me contaram que, antes de partir, ainda puseram isto ou aquilo na bagagem – para alguma eventualidade. No entanto, ao perceberem que a mochila ia ficando cada vez mais pesada, tiveram de tirar muita coisa dela. Sentiram que não conseguiriam chegar ao destino com um peso tão grande às costas. É uma bela imagem para nós. E isso corresponde à experiência que os primeiros discípulos de Jesus fizeram percorrendo o Império Romano: se tivessem levado provisões para todas as eventualidades, jamais se teriam posto a caminho. Nós igualmente só precisamos para a nossa jornada por este mundo, acima de tudo, de nós mesmos e daquilo que recebemos de graça de Deus. Toda equipagem é secundária. Até pode ser útil, mas não podemos garantir o êxito de nossa jornada apenas com ela, por mais cara que seja.

Proclamar e encontrar a paz

A meu ver, esse texto ainda dá outra resposta a essa avidez: sei da minha avidez por causar boa impressão em todas as pessoas, de tocar todas elas. Queremos causar boa impressão nas pessoas com aquilo que temos para dar. Ficamos constantemente perguntando: O que eu fiz foi bom? Você entendeu o que eu disse? Você se sentiu tocado? Estamos sempre girando em torno da impressão que causamos nos outros. Nunca ganhamos o suficiente dela. Em contrapartida, muitas pessoas me contam que, em seu trabalho – sobretudo como professor, cura, orador, terapeuta –, encontram-se sob a constante pressão de ser bem-sucedidas. Elas aprenderam o seu ofício, muitas vezes em um longo período de formação. Agora encontram-se sob a pressão de conseguirem se achegar às pessoas. Jesus nos dá uma resposta libertadora em relação a essa pressão: o caminho da serenidade, isto é, deixar as pessoas serem como são. Se elas não gostarem ou não puderem aceitar o que temos a dizer, devemos acatar sua posição. Não devemos nos submeter à pressão de provar-lhes que temos razão, que temos uma mensagem importante. É bom que outra pessoa discorde da nossa maneira de pensar e siga suas próprias ideias. Não somos obrigados a convencer ninguém; devemos dar o que pudermos dar. Se isso não for suficiente para quem receber, devemos deixar a insuficiência com o outro e não nos culpar constantemente por não sermos suficientemente bons.

Jesus ainda nos dá algo mais para levar na jornada: a missão de proclamar e levar a paz às casas com a nossa mensagem. Não devemos sobrecarregar as pessoas, mas mostrar a quem está em conflito, a quem não está pacificado consigo mesmo nem com o seu entorno, um caminho para a paz. No entanto, se as pessoas não quiserem essa paz, não devemos esquentar a cabeça com isso, achando que somos os únicos culpados; simplesmente devemos ignorar o fato. Nesse caso, "retorne para vós a paz", diz o texto bíblico. Não prosseguiremos decepcionados, mas com paz interior. Deixamos as pessoas com sua liberdade e admitimos para nós mesmos nossos limites; a saber, que, como médicos ou terapeutas, não conseguiremos alcançar todas as pessoas nem ajudar a cada uma delas.

Sobre a avidez por ganhar e viver sempre em harmonia (Mt 10,34-38)

> Não penseis que vim trazer paz à terra. Não vim trazer a paz, e sim a espada. Pois vim separar o filho do seu pai, a filha de sua mãe, a nora de sua sogra. Os inimigos da gente serão os próprios parentes. Quem ama o pai ou a mãe mais do que a mim, não é digno de mim. E quem ama o filho ou a filha mais do que a mim, não é digno de mim. E quem não toma a sua cruz e não me segue não é digno de mim. Quem procura a sua vida, há de perdê-la; e quem perde a sua vida por amor de mim, há de encontrá-la.

Nada de paz fácil

Na condição de seres humanos, desejamos não só uma vida bem-sucedida, mas também uma vida em harmonia com nosso entorno. As palavras de Jesus parecem esperar o oposto de nós; quem o segue não experimenta harmonia com sua família. Jesus não veio trazer a paz, mas a espada, como Ele mesmo diz. Quem decide trilhar o caminho de Jesus, quem se sabe enviado por Ele neste mundo, faz a experiência de não levar a paz a toda parte, mas também a espada. Nessa passagem, a espada não é imagem para violência, mas para "divisão". A Palavra de Deus que anunciamos é como uma espada de dois gumes: ela divide os pensamentos dentro de nós; ela nos revela onde temos pensamentos de destruição e onde temos pensamentos de salvação. Ela, portanto, chama à decisão. Não é uma palavra que se possa escutar e desfrutar sem comprometimento. Em vez disso, a Palavra de Deus quer penetrar no coração do ser humano por meio da nossa proclamação e efetuar ali uma divisão entre pensamentos que trazem vida e pensamentos que prejudicam a pessoa. A palavra da proclamação quer conclamar os ouvintes à decisão, ou seja, que se decidam por Deus e se distanciem de tudo que é antidivino.

Mas, nesse contexto, "espada" significa ainda outra coisa, a saber: trilhar o caminho do seguimento de maneira tão radical que me distancio de outras pessoas. E isso pode afetar de modo bastante concreto a minha própria família. O seguimento de Jesus é mais importante do que a paz na família. É preciso saber que, na época de Jesus, o preço da paz na família com frequência era a total subordinação aos interesses familiares. O clã se mantinha unido, mas ninguém podia destoar, senão era excluído. Jesus passa a considerar o caminho do indivíduo mais importante do que a harmonia na família. Ele não quer uma paz fácil em que todos estão de acordo com todos. Ele desafia o indivíduo a encontrar seu próprio ponto de vista. Somente quando o tiver encontrado poderá estabelecer uma boa relação com os outros.

Muitos gostariam de trilhar seu próprio caminho, mas, ao mesmo tempo, querem que todos também aprovem esse caminho; querem compreensão em sua decisão. No entanto, Jesus nos desafia a trilhar o caminho que identificamos como sendo o nosso, após reflexão madura e de acordo com a nossa consciência; mesmo que a própria família não o compreenda e, num primeiro momento, haja desavença por isso. A autenticidade do nosso caminho é mais importante do que uma harmonia superficial, em que todos sempre estão de acordo com todos. Essa harmonia pode nos paralisar. Ela também pode se tornar autoritária, impedindo-nos de seguir nossas próprias ideias e nossos próprios sentimentos.

Tomar sua cruz

Porém, somos ávidos por harmonia não só em nossa família, mas também em nossa vida. Imaginamos que nossa vida vá transcorrer sem atritos. Alimentamos com frequência a ilusão de que sempre seremos bem-sucedidos e que tudo ficará bem, bastando que levemos uma vida espiritual ou que façamos tudo corretamente. No entanto, Jesus mostra outro caminho para a nossa vida; Ele fala de tomar nossa cruz, senão não teremos entendido sua mensagem, não seremos dignos dele.

Mas o que significa tomar a cruz? Para mim, significa dizer sim àquilo que diariamente me frustra e que frustra os meus planos, àquilo que me atinge de fora. Pode ser um contratempo, uma doença, um acidente, uma pessoa que quer algo de mim, apesar de eu já estar com a agenda cheia para aquele dia. "Cruz" é tudo que se atravessa em meu caminho e que não foi escolhido por mim. A cruz pode vir ao meu encontro, de fora; mas também pode estar dentro de mim. A "cruz" pode ser minha sensibilidade aguçada, minha irritabilidade, minha impaciência, meus temores. Por exemplo, se eu tomar minha sensibilidade como minha cruz, reconciliando-me e dialogando com essa realidade, essa cruz me levará até Deus. Ela me livrará das minhas ilusões de perder a sensibilidade por meio da ascese e da oração; ela despedaçará a imagem ideal que construí de mim mesmo; ela me abrirá para Deus. Quanto mais velho fico, tanto mais evidente fica para mim a sabedoria contida nessa palavra de Jesus. Não preciso escolher um caminho para Deus; Ele me envia e me põe a caminho. E nesse caminho deparo seguidamente com a cruz, e justamente onde não espero. Se a tomo sobre mim, ela me levará, a exemplo do que aconteceu com Jesus, até o amor incondicional de Deus, que me ergue exatamente quando estou no fundo do poço e me desperta para uma nova vida.

A avidez por viver sempre em harmonia comigo mesmo e com as demais pessoas expressa-se também no empenho por estar sempre do lado do vencedor. Desejo que minha vida seja bem-sucedida, que eu seja um vencedor em tudo que faço. A essa avidez Jesus responde com sua palavra: "Quem procura a sua vida, há de perdê-la; e quem perde a sua vida por amor de mim, há de encontrá-la". O ávido quer ganhar não só a sua vida, mas tudo o que houver para ser ganho. No entanto, quanto mais ele quiser isso, mais perderá sua alma, sua vida, seu verdadeiro eu. Contudo, quem perder sua vida por causa de Jesus, quem estiver disposto a perder, por causa de Jesus, até mesmo a sua vida terrena por meio do martírio, este a ganhará, este viverá realmente.

O ávido anseia por vida. Mas sua avidez faz com que ele viva à margem da vida; ele nunca consegue aquilo que almeja; ele perde a si próprio em sua avidez. Porém, quem estiver disposto a desprender-se de si mesmo e de tudo o que associamos com a vida – riqueza, posse, honra, reconhecimento, saúde e vigor –, encontrará a verdadeira vida; entrará em contato com seu íntimo, com a "alma", como diz literalmente o texto grego. E ali, no fundo de sua alma, ele encontrará a verdadeira vida.

Maneiras de aquietar-se como libertação da avidez (Mt 11,28-30)

> Vinde a mim vós todos que estais cansados e sobrecarregados, e eu vos darei descanso. Tomai sobre vós o meu jugo e aprendei de mim, que sou manso e humilde de coração, e achareis descanso para vossas almas. Pois meu jugo é suave e o meu peso é leve.

Achar descanso

O ser humano ávido nunca fica em paz; sempre quer ter mais; está o tempo todo pensando no que ainda precisa; não consegue se sentar e descansar, pois acha que perderia alguma oportunidade. O ávido nunca está satisfeito com o que conseguiu obter; ele gostaria de ter ainda mais reconhecimento e atenção na esfera pública; tem medo de perder alguma oportunidade. Por isso, ele precisa estar sempre *online*, absorver todas as informações possíveis. O ávido quer ter tudo, embora nem consiga realmente tirar proveito e desfrutar as muitas coisas que precisa obter. Jesus promete dar-nos descanso, e simultaneamente nos indica um caminho pelo qual encontraremos esse descanso. Esse caminho também é uma maneira de superar a avidez.

Jesus convida as pessoas para irem até Ele, pois lhes dará descanso. Mateus situa essas palavras de Jesus conscientemente na tradição dos mestres de sabedoria judeus. Jesus Sirac, que une a sabedoria grega e a judaica, convida os ignorantes a frequentarem sua escola para que nela achem descanso (cf. Eclo 51,23-27).

Quem coloca sobre si o jugo da sabedoria achará descanso. Jesus, portanto, é a corporificação da sabedoria de Deus. Ele nos indica um caminho para a verdadeira vida, para a alegria, para a paz e para o descanso. Jesus entende sua atuação como dar descanso às pessoas que vivem se preocupando e se esfalfando. Esse descanso certamente lembra o descanso sabático de Deus no relato da criação, e Jesus compartilha esse descanso com os seres humanos. O descanso sabático é marcado pelo juízo de Deus de que tudo é muito bom e muito belo (Gn 1,31). Somente quando considero bom aquilo que perfaz minha vida e aprovo a beleza que existe nela, consigo achar descanso.

Descobrindo os meus próprios fardos

Jesus convida exatamente aqueles que se esfalfam e que têm de carregar fardos pesados. Ele está se referindo a nós que nos sobrecarregamos com fardos pesados quando nos deixamos levar pela avidez. Os exegetas pensam que, ao falar do fardo, Mateus teria em mente a lei judaica, segundo a interpretação dos fariseus. Se aplicarmos os dois termos "esfalfar-se" e "carregar fardos" à nossa situação, eles poderiam referir-se a pessoas que se esfalfam sem obter nenhum resultado. Elas trabalham e trabalham, mas não conseguem mais desfrutar dele; elas e seu trabalho se tornam uma coisa só; elas mesmas se pressionam e sofrem pressão dos outros para estarem sempre fazendo alguma coisa. Talvez seja a consciência pesada que as pressiona dessa maneira. Talvez seja a educação: elas interiorizaram as palavras do pai e da mãe, dizendo que deveríamos merecer a vida, que deveríamos trabalhar o tempo todo. Talvez por trás disso esteja também o medo de serem estigmatizadas como preguiçosas e incapazes. Quando elas, na infância, quiseram apenas brincar, foram chamadas de imprestáveis. Algumas ficaram tão impressionadas com isso, que passam o tempo todo fazendo alguma coisa.

Para outras, esfalfar-se significa estar constantemente sobrecarregadas. Elas não se sentem à altura das exigências que lhes são feitas; têm medo de ser avaliadas e expostas. Assim, elas se esfalfam e labutam. A palavra alemã para labuta, "*Plage*", vem da palavra latina "*plaga*", que significa pancada, golpe, ferimento ou castigo do céu. A labuta é vivenciada como um golpe; o céu está me golpeando para que eu tenha de extenuar-me desse jeito. A palavra "*Plage*" também tem a ver com "*Fluch*", "maldição". Muitos vivenciam a labuta de sua vida como uma maldição que lhes foi imposta. Já no Antigo Testamento, isso foi visto dessa maneira, quando Deus falou o seguinte para Adão, no momento em que o expulsou do paraíso:

> A terra será amaldiçoada por tua causa. Com fadiga tirarás dela o alimento durante toda a tua vida (Gn 3,17).

O fardo que temos de carregar hoje não é tanto o fardo da lei judaica ou da lei eclesiástica; trata-se muito mais do fardo que impomos a nós mesmos. Às vezes é o fardo da autopunição que assumimos para escapar dos sentimentos de culpa que nos afligem; às vezes é o fardo do nosso próprio superego que nos instiga a trabalhar sempre. Esse superego proíbe o descanso, o não fazer nada; ele nunca nos deixa em paz; sempre faz algum comentário a respeito de tudo o que desenvolvemos; nunca fica satisfeito com o resultado. Ele fica o tempo todo resmungando à nossa volta, exatamente como nosso pai e nossa mãe insatisfeitos ficavam criticando tudo o que fazíamos.

Mas também se refere ao fardo que carregamos sobre nós quando nos deixamos guiar pela avidez, que jamais permite que descansemos. Ela nos impele a fazer cada vez mais, a ganhar cada vez mais e a ficar cada vez mais famosos ou a absorver cada vez mais informações. A avidez nos pressiona e nos esmaga, ela nos rouba a paz interior.

Descanso sagrado

A todos aqueles que se tornaram incapazes de descansar, Jesus oferece uma maneira de encontrar descanso. Para isso, Ele usa a palavra "*anapáuso*": deixar parar, interromper, dar descanso, refrescar, e "*anápausis*", que significa interrupção, descanso, lugar de descanso. A palavra alemã "*Pause*" [e equivalente em português a "pausa"] vem daí. Em grego, *anápausis* não significa apenas o descanso do trabalho, mas também os períodos de descanso de que necessitam os órgãos internos do ser humano, de que o esportista precisa, e o descanso do serviço militar. No sentido religioso, *anápausis* pode significar também livramento de todos os males.

Para os gregos, o descanso é sagrado e um bem salvífico que se pede aos deuses. O Antigo Testamento tem uma visão parecida. Ali o piedoso anseia pelo descanso sabático que Deus lhe destinou. A falta de descanso é uma maldição. Caim, por exemplo, é obrigado a andar errante:

> Virás a ser um fugitivo, errante sobre a terra (Gn 4,12).

Essa maldição que pesa sobre Caim marca ainda hoje o comportamento de muitas pessoas. Elas vagueiam irrequietas por aí; esfalfam-se sem que realmente valha a pena, pois seu trabalho não dá frutos (cf. Gn 4,12). No caso Caim, a razão mais profunda de sua inquietude é a culpa pelo assassinato do seu irmão Abel. Os sentimentos de culpa o atormentam e fazem com que ande errante pelo mundo.

Hoje também os sentimentos de culpa reprimidos podem muito bem ser a razão pela qual muitas pessoas seguidamente fogem de si mesmas e não conseguem permanecer um tempo maior no mesmo lugar. Muitas não têm coragem de descansar por medo de que, quando fizerem isso, todos os sentimentos de culpa postos de lado possam voltar a irromper; nesse caso, correriam o risco de perceber que seu "irmão Abel" está ferido, que não ligaram para os seus gritos de socorro e não deram a mínima para a sua necessidade.

O filósofo judeu Fílon considera o descanso como valor supremo. Ele não entende o descanso como inatividade, mas como atividade que não exige esforço. Deus descansa sem estar cansado; seu descanso é ato criativo. Para Fílon, o ser humano piedoso encontra o descanso criativo à semelhança de Deus, ao passo que o insensato é irrequieto. A atividade para a qual nos impele a avidez não é feita sem esforço, mas é extenuante. A avidez nos impele a correr cada vez mais rápido em uma roda-viva, sem que cheguemos ao nosso destino. Os teólogos gregos Clemente de Alexandria e Orígenes desdobraram as ideias de Fílon em sua interpretação da Bíblia. Na opinião deles, Jesus nos conduz para o verdadeiro, para o perfeito descanso (*téleia anápausis*). Pois quem encontrou o descanso mediante a purificação da alma nada mais deseja a não ser Deus. Quem se retirou do ruído do mundo para a tranquilidade do silêncio experimentará de coração puro que o Espírito de Deus repousa sobre ele e lhe dá a energia para ser realmente criativo.

O jugo da sabedoria e da humildade

Diante do pano de fundo da compreensão grega e judaica de descanso, as palavras de Jesus são sumamente atuais ainda hoje: assemelhamo-nos às pessoas insensatas que estão sempre irrequietas porque ainda não encontraram seu verdadeiro fundamento. Pesa sobre nós a maldição de Caim, que nos faz perambular sem descanso. Vivemos fugindo da nossa má consciência; o medo e os sentimentos de culpa não nos dão descanso; permitimos que a avidez nos pressione cada vez mais a continuar correndo e nos esforçando para conseguir resultados ainda melhores.

A questão é como encontrar o verdadeiro descanso em Jesus, que nos convida a fazê-lo com estas palavras: "Tomai sobre vós o meu jugo e aprendei de mim, que sou manso e humilde de coração". Há dois caminhos que nos levam até ao descanso:

O primeiro deles é tomar o jugo de Jesus sobre nós. É o jugo da sabedoria, o jugo da lei divina, livre de preceitos humanos, o jugo que faz bem ao ser humano. É um jugo leve, que não oprime, mas conduz à liberdade. Quem se sujeita à palavra de Jesus, quem permite que seu ensinamento nos introduza no mistério do Deus misericordioso e no mistério do ser humano, verdadeiramente encontra descanso. A palavra "religião" se originou do conceito ligado à palavra "jugo". Ela se refere, portanto, a um subjugar-se a Deus, a um ligar-se (*religare*) a Ele. Só quem estiver ligado a Deus em seu coração fica livre das muitas amarras que o aprisionam; livra-se do jugo da escravidão que toma sobre si ao se tornar dependente das pessoas e do reconhecimento delas; livra-se da angústia, do jugo das muitas leis que o impedem de viver.

O segundo caminho é o do aprender: devemos aprender que Jesus é manso e humilde. Ele é amável, amistoso e não violento; Ele desceu até as profundezas da existência humana. As duas atitudes, a de ser *prays* e *tapeinós*, evidentemente configuram caminhos que levam ao verdadeiro descanso. O termo "*prays*" se refere à paciente amabilidade que Jesus demonstra justamente diante dos pecadores. Jesus é humilde como Moisés (cf. Nm 12,3). Quem aprende de Jesus a bondade e a afabilidade, a amabilidade e a mansidão em relação a si mesmo e aos outros encontra descanso; quem é bondoso para consigo mesmo e para com os outros fica com o coração descansado. Em contraposição, quem se esbalda na agressividade contra si mesmo e contra suas paixões e necessidades desperta nelas uma força oposta que simplesmente não lhe dá mais paz. Nesse caso, ele precisa estar constantemente cuidando para que suas paixões não o atropelem e determinem.

Quem é amável consigo mesmo e com os outros não precisa viver sempre com medo de ser hostilizado ou explorado. E quem se tornou brando, quem permitiu que as mós de sua vida moessem seu enrijecimento e sua petrificação (a palavra alemã para brandura, mansidão, *Milde*, tem origem no termo alemão para moer, *mahlen*) está capacitado para o verdadeiro descanso. Ele se tornou flexível, não tem mais necessidade de segurar as coisas. Ele não é só brando, mas também sábio (*sapiens*). Sentiu o gosto (*sapiens* provém da palavra latina *sapere* = provar o sabor) do mistério da vida humana; tomou consciência de que não pode segurar nada, que só em Deus poderá encontrar apoio e descanso.

No entanto, um dos pressupostos do descanso é a humildade. Já no Antigo Testamento a brandura e a humildade (*prays* e *tapeinós*) são associadas à frequência. A palavra grega para humilde significa propriamente "baixo". A palavra latina "*humilitas*" interpreta a humildade como coragem para assumir sua própria condição terrena, como coragem para defender sua existência terrena e não se elevar acima de sua condição de criatura. A humildade consiste, em última análise, na coragem de encarar a verdade sobre si mesmo, descer do pedestal das idealizações de si mesmo e reconciliar-se com sua realidade de ser humano. Quem para de fugir da verdade sobre si mesmo, quem para de fechar os olhos diante dela é capaz de encontrar descanso. Enquanto eu evitar a verdade sobre mim mesmo não conseguirei tranquilidade interior.

Jesus nos promete as duas coisas: "Eu vos darei descanso" e: "Achareis descanso para vossas almas". Quando os apóstolos, que haviam retornado de sua missão de proclamação, compareceram diante de Jesus, Ele os convidou:

> Vinde vós sozinhos para um lugar deserto e repousai um pouco [*anapáusasthe*] (Mc 6,31).

Jesus dá descanso aos seus discípulos, apartando-os da multidão, possibilitando-lhes um lugar de repouso, uma pausa para que possam apresentar seus relatos e restabelecer-se na companhia uns dos outros. Esse convite vale para nós hoje, da mesma maneira. Jesus, repetidas vezes nos conclama a nos retirarmos conscientemente da multidão para, em um lugar solitário, tornar-nos unos conosco mesmos e experimentar a unidade com Deus.

A oração é esse tipo de retiro para um lugar deserto. Isso não vale só para o tempo de silêncio em que nos apartamos dos demais, mas também como realidade interior; na oração chegamos ao espaço interior no qual estamos a sós com Deus, no qual somos totalmente unos: com Deus, conosco mesmos, com toda a criação. Jesus nos dará descanso e promete que acharemos descanso para nossas almas se aprendermos com Ele. O descanso começa na alma. Primeiro é preciso que nosso íntimo fique descansado. Então o descanso também terá efeitos no corpo. Quando o coração tiver se aquietado passaremos a fazer todas as coisas com a maior tranquilidade, nossos movimentos fluirão da tranquilidade interior, teremos parte no descanso criativo de Deus.

O ávido, em contraposição, jamais consegue achar descanso. Contudo, a razão de sua inquietude não deve ser procurada nos sentimentos de culpa, como ocorreu com Caim, mas no fato de suas necessidades jamais descansarem. Ele nunca tem o bastante; ele sempre quer mais. O preço de sua avidez é uma inquietação que aos poucos o deixa doente. Um administrador me contou que saiu da Igreja há 15 anos e nunca mais se preocupou com Deus. Que não sentiu falta de Deus, mas que se tornou cada vez mais inquieto. Uma amiga lhe disse: "Tu ainda vais acabar na psiquiatria com essa tua constante inquietação". Isso fez com que ele ficasse alerta. E assim ele se recolheu a um mosteiro. Ali ele foi tocado de repente por Deus, ali Ele permitiu que Deus o tocasse, e assim recuperou sua tranquilidade.

Quem espera o descanso do dinheiro e não de Deus jamais o achará, pois o dinheiro não é capaz de satisfazer o anseio por descanso. O anseio por posse é mais propriamente o anseio por descanso. Porém, o paradoxo consiste em que muitas vezes não achamos descanso, mas é a avidez por posse que se apodera de nós. Jesus direciona para dentro o anseio por posse: devemos procurar o verdadeiro tesouro em nossa alma. Só quem descobre dentro de si a riqueza da alma realmente encontra descanso.

Como ficar satisfeito, apesar da avidez insaciável? (Mc 6,34-44)

Ao desembarcar, Jesus viu uma grande multidão e sentiu compaixão dela, pois eram como ovelhas sem pastor. E se pôs a ensinar-lhes muitas coisas. A hora já estava bem avançada quando os discípulos se aproximaram de Jesus e disseram: "Este lugar é deserto e a hora já está adiantada. Despede-os para irem aos sítios e povoados da redondeza comprar alguma coisa para comer". Mas Jesus lhes disse: "Dai-lhes vós mesmos de comer". Eles lhe disseram: "Vamos, então, gastar duzentas moedas de prata para comprar pão e dar-lhes de comer?" Ele perguntou: "Quantos pães tendes? Ide ver!" Tendo-se informado, disseram: "Cinco, e dois peixes". Então Jesus deu ordem para que fizessem sentar todos em grupos na grama verde. Sentaram-se em grupos de cem e cinquenta. Depois tomou os cinco pães e os dois peixes, levantou os olhos para o céu e rezou a bênção. Partiu, então, os pães e deu-os aos discípulos para distribuí-los. Repartiu também os dois peixes

> entre todos. Todos comeram e ficaram saciados. Recolheram doze cestos cheios de pedaços de pão e restos de peixe. Os que tinham comido eram cinco mil homens.

Fome de vida

O ávido jamais fica saciado. Por mais que coma, sua fome nunca será saciada. Os gregos representaram o ávido no mito de Tântalo. O pecado de Tântalo foi ter matado seu filho e tê-lo servido como refeição aos deuses. Peter Schellenbaum chama esse mito de mito da autodestruição. Para ele, Tântalo é a imagem do ser humano ávido que nunca obtém o bastante.

> No seu descomedimento ele destrói sua própria carne e sangue – uma imagem terrível da autodestruição. [...] O ávido abusa do seu corpo até a autodestruição e, como consequência disso, é atingido pela incapacidade de fruição (SCHELLENBAUM, p. 124).

Schellenbaum pensa que a avidez é uma compensação pelo menosprezo do corpo. O ávido não tem senso para seu corpo; ele o usa como uma marionete, mas não o sente, não tem relação com ele.

> O manipulador de marionetes é escravo de seu medo dos perigos da vida. Em sua avidez, ele procura se apoderar da alegria de viver, mas sem querer pagar o preço por isso, a saber: dor, doença, morte. Mal a avidez toma conta dele, ele próprio se priva da fruição cobiçada por medo de despertar como ser humano mortal (SCHELLENBAUM, p. 124).

O ávido evita sua própria vitalidade, pois vitalidade está relacionada à mortalidade. O ávido "quer controlar o prazer, e não encontra satisfação. Nisso consistem os *sofrimentos tantálicos* do ser humano ávido" (SCHELLENBAUM, p. 124).

O mito expressa esses sofrimentos da seguinte maneira: Tântalo se encontra no mundo dos mortos, parado dentro de um córrego de águas frescas, mas assim que se abaixa para beber, a água desaparece. Por cima dele estendem-se galhos carregados de frutas saborosas, mas sempre que ele tenta pegá-las, os galhos se desviam para o alto e as frutas ficam fora de seu alcance.

A narrativa da multiplicação dos pães no Evangelho de Marcos

Tendo em mente esse mito da autodestruição do ávido, adquirimos uma nova noção da resposta que os evangelistas dão com sua narrativa da multiplicação dos pães. Em um primeiro momento, eu gostaria de analisar a narrativa da multiplicação dos pães no contexto do Evangelho de Marcos, para depois interpretar a história, tendo em vista a avidez.

Marcos narra duas vezes a miraculosa multiplicação dos pães. A opinião de alguns exegetas é de que ele teria duplicado o mesmo acontecimento. No entanto, a estrutura do Evangelho de Marcos evidencia como esses dois textos lhe são importantes; ele valoriza especialmente a reação dos discípulos. Na segunda narrativa da multiplicação dos pães, os discípulos agem como se tivessem esquecido o primeiro acontecimento. Eles não reconhecem esse Jesus; estão cegos. Marcos intercala as duas multiplicações de pães com as narrativas de três travessias de barco. Nessas travessias, Jesus igualmente mostra aos discípulos seu poder sobrenatural. Mas nem isso desperta a sua fé. Na terceira travessia – depois da segunda multiplicação dos pães –, os discípulos ainda estão fixados na preocupação se o pão que estão levando consigo seria suficiente. Eles ainda estão presos na avidez por pão. Jesus repreende seus discípulos com veemência:

> Ainda não entendeis nem compreendeis? Ainda tendes a mente embotada? Tendo olhos, não vedes e tendo ouvidos, não ouvis? (Mc 8,17s.)

Nem as duas multiplicações de pães nem as três travessias do mar, durante as quais eles puderam experimentar o poder de Jesus, tornaram os discípulos receptivos para a fé de que Jesus provê as coisas de que precisam, que eles têm o suficiente para saciar sua fome. Eles permanecem cegos e, desse modo, representam uma advertência permanente ao leitor para que leia o Evangelho com os olhos abertos e o coração disposto a se envolver com esse Jesus que quer nos guiar pelo caminho que leva à vida.

Alguns exegetas interpretam a multiplicação dos pães como se Jesus estivesse incentivando seus discípulos a repartir sua provisão. No entanto, Van Iersel pensa com razão que isso "degradaria a narrativa à cotidianidade trivial de pessoas que esqueceram a merenda em casa" (VAN IERSEL, p. 156).

Não se trata de nenhuma cotidianidade, mas de algo extraordinário, de uma epifania secreta da glória divina. Só depois que o pão é partido inúmeras pessoas podem comê-lo. Isso remete à morte de Jesus e à Última Ceia, na qual Jesus parte o pão como parábola de sua morte. A morte de Jesus é a fonte da vida para os seres humanos; ali eles ganham o suficiente para comer; ali eles ganham pão e peixe, alimento para o corpo e para a alma.

Os números mencionados nas duas histórias certamente não são casuais. Cinco pães saciam cinco mil homens, e os restos enchem doze cestos. Na segunda narrativa, sete pães saciam quatro mil pessoas e são recolhidos sete cestos cheios de restos. Cinco é o número do ser humano que está aberto para Deus. Jesus é todo humano, mas simultaneamente é Deus. Através do encontro com Jesus as pessoas acham sua verdadeira essência e simultaneamente abrem-se para Deus, reconhecendo-o como o destino de sua vida. Os doze cestos apontam para a comunhão da Igreja e a capacidade de comunhão do ser humano. As pessoas que descobrem sua inteireza no encontro com Cristo também se tornam capazes de conviver e crescer juntas para formar o novo povo de Deus. Os sete pães apontam para a transformação que acontece por meio de Cristo, e as quatro mil pessoas representam os quatro pontos cardeais.

Na segunda narrativa da multiplicação dos pães consta que algumas pessoas vieram de muito longe. Isso é um símbolo para os "pagãos", que vieram de muito longe para ouvir Jesus. As duas multiplicações de pães possuem uma dinâmica interior. A primeira narrativa tem como endereço, por assim dizer, os judeus, que são reunidos por Jesus para formar o novo povo de Israel. Isso se vê também na organização do acampamento: as pessoas se juntam em grupos de cem e de cinquenta. Isso corresponde à ordem adotada nos acampamentos do antigo Israel.

A segunda narrativa é endereçada aos "pagãos" que acorrem de todos os pontos cardeais. Ela também acontece em terra "pagã". Nessa passagem, Marcos quer mostrar que Jesus se dirige com frequência cada vez maior aos que não pertencem ao povo de Israel, levando-lhes sua mensagem de salvação. Isso fica evidente, por exemplo, também nas narrativas da cura do endemoninhado de Gerasa e da cura da filha da mulher siro-fenícia.

Na narrativa da primeira multiplicação dos pães, Jesus se compadece das pessoas. Elas são como "ovelhas sem pastor". Marcos certamente estava se referindo aos judeus daquela época, que não tinham um pastor de verdade. Os mestres e guias de Israel haviam falhado. Mas as ovelhas sem pastor também são uma imagem para nós hoje; sem pastor as ovelhas estão perdidas; elas não têm orientação; elas se dispersam; cada uma segue seu próprio caminho e fica exposta, impotente, aos perigos; tampouco encontram pasto. Jesus lhes dá orientação; revela-lhes o sentido de sua existência e as leva até a pastagem para que encontrem alimento. A palavra que Jesus lhes anuncia é nutritiva; Ele se preocupa com as ovelhas, cura suas enfermidades e sacia sua fome, dá-lhes o que de fato as alimenta e sacia. Isso tudo é expressão de sua compaixão pelos seres humanos; essa compaixão culmina em sua morte na cruz. Ele parte o único pão que os discípulos levam consigo no barco (Mc 8,14) para saciar nossa fome mais profunda. Na narrativa da segunda multiplicação dos pães Jesus volta a sentir compaixão. Mas a razão dessa sua compaixão é outra:

> Se os despedir em jejum, desmaiarão pelo caminho; e alguns deles vieram de longe! (Mc 8,3).

Se não tiverem o encontro com Jesus, as pessoas – e aqui se trata principalmente de "pagãos" – desmaiarão pelo caminho. Elas definharão, morrerão de fraqueza; elas são incapazes de trilhar seu caminho sozinhas, precisam de reforço para a jornada.

Isso também vale para nós hoje: Jesus é o Filho de Deus que nos fortalece na jornada de nossa vida, dando a si mesmo em forma de pão. Em sua morte, Ele parte o pão para nós; esse pão é suficiente para todos. Em última análise, as duas multiplicações de pães e as três travessias de barco apontam para a morte de Jesus na cruz, na qual Ele dá a si mesmo por nós e nos leva até a outra margem, até a margem da glória divina.

Na primeira história da multiplicação dos pães, a iniciativa é dos discípulos. Eles urgem Jesus a mandar as pessoas embora para que possam comprar algo de comer. Na segunda narrativa, Jesus é propriamente aquele que age; ele tem compaixão e quer fortalecer as pessoas para sua jornada. Na primeira história, Jesus diz aos discípulos duas frases essenciais: "Dai-lhes vós mesmos de comer!" Não é só aos sacerdotes e clérigos nem só a pessoas que praticam a poimênica que se dirige a missão de dar às pessoas algo que as alimente e fortaleça. As palavras de Jesus valem para cada um de nós, que tem algo dentro de si e pode alimentar outros. Temos a missão de alimentar uns aos outros não só com pão, mas também com nossas palavras, com nosso amor e nossa dedicação.

A segunda frase de Jesus é esta: "Quanto pães tendes? Ide ver!" Muitas pessoas que atendi pensam que não têm nada para dar aos outros. Elas estariam tão ocupadas com seus próprios problemas que não têm mais força, como também algo, para dar aos outros. Outras pessoas saberiam fazer isso bem melhor. No entanto, Jesus chama cada um de nós para ir e verificar quantos pães temos guardado, ou seja, quantas capacidades carregamos dentro de nós com as quais podemos alimentar outros.

As duas histórias de multiplicação dos pães em Marcos são histórias eucarísticas. Isso é evidenciado pela fórmula fixa que é repetida em ambas, quase literalmente: "Tomou os cinco pães e os dois peixes, levantou os olhos para o céu e rezou a bênção. Partiu, então, os pães e deu-os aos discípulos para distribuí-los". Os mesmos quatro verbos ocorrem no relato da Santa Ceia em Marcos:

> Jesus tomou um pão e pronunciou a bênção. Depois partiu o pão e deu-lhes, dizendo: "Tomai, isto é o meu Corpo" (Mc 14,22).

Na Eucaristia, o próprio Jesus dá o pão aos discípulos e, com o pão, a si mesmo. Na multiplicação dos pães, ele dá os pães aos discípulos para que eles os distribuam. O pão partido aponta para Jesus na cruz. O pão que alimenta e fortalece todas as pessoas representa o próprio Cristo que se dá a nós. Ele é o alimento propriamente dito para nossa jornada. É Cristo que temos de passar adiante, não a nós mesmos. O nosso amor deve possibilitar a experiência do amor de Cristo pela humanidade.

Cinco passos para a liberdade

Quando analiso exegeticamente as histórias da multiplicação dos pães em Marcos reconheço que elas têm um significado simbólico. Assim, também é apropriado interpretar essas histórias tendo em vista o tema "avidez". Nas histórias da multiplicação dos pães segundo Marcos vejo cinco passos para nos libertar da avidez:

Primeiro passo: "Jesus teve compaixão". Ele se compadeceu das pessoas porque haviam perdido o rumo e desmaiavam pelo caminho, porque estavam sem forças. Em vez de girar em torno de mim mesmo e da minha avidez, preciso ter compaixão das pessoas. A palavra grega para compaixão, *splanchnízomai*, significa: ser tocado nas entranhas. Quando permito que a necessidade das pessoas me toque deixo de girar em torno das minhas necessidades, e a avidez que está em mim é destronada.

O **segundo passo** fica evidente nesta palavra de Jesus: "Dai-lhes vós mesmos de comer!" A primeira reação à necessidade das pessoas, à sua fome de alimento, ao seu anseio por Deus, é a impotência e a incapacidade, como manifestadas pelos discípulos. Ficamos em dúvida se podemos dar algo às pessoas, se nossas palavras serão alimento para elas, se realmente chegarão ao coração delas. No entanto, Jesus não admite nenhuma das nossas desculpas. Muitos justificam sua avidez dizendo que não podem salvar o mundo inteiro. Jesus, porém, desautoriza essas tentativas de justificar-se com uma instrução clara: "Dê-lhes você mesmo de comer. Deixe de ser chorão. Não fique procurando outras pessoas para ajudar; ajude você mesmo. Dê-lhes de comer. Pergunte-se o que de fato alimenta suas almas". Muitos respondem a esse desafio com dúvidas, dizendo: "Mas não tenho nada para dar. Não encontro as palavras que as alimentam. Eu mesmo ainda estou faminto". O chamado de Jesus não aceita essas desculpas. Ao dizer para mim: "Dê-lhes você mesmo de comer", Ele também me capacita para dar de comer aos outros e alimentá-los na sua jornada rumo à satisfação do seu anseio.

O **terceiro passo** segue à dúvida se de fato posso ajudar os outros. Diante dessa questão, Jesus diz: "Quantos pães tendes? Ide ver!" Não tenho o talento de Jesus nem o talento de um grande organizador. Mas também tenho pães comigo, tenho cinco pães. Como foi dito, o "cinco" representa a pessoa receptiva para Deus. Quando visualizo minha condição humana tenho o suficiente para dar alguma coisa aos outros. Quando olho para dentro de mim mesmo com o devido cuidado descubro coisas em número suficiente que posso dar aos outros. Devo simplesmente compartilhar com as pessoas a minha condição humana, lutando em busca de respostas. Devo distribuir o que recebi do meu pai, da minha mãe e de Deus. Devo repartir o que sou, minha condição de ser humano. O "cinco" também é o número do amor. Os gregos o associam com Afrodite, a deusa do amor. Temos amor suficiente dentro de nós para passar adiante, e ele não diminui quando o presenteamos a outros. Jesus diz: "Ide ver!" A palavra grega para ver, *idein*, refere-se a um contemplar interior. Devemos olhar para dentro de nós mesmos e ver o que descobrimos ali. Quando contemplo a mim mesmo olho simultaneamente para dentro do coração humano, pois quem conhece a si mesmo conhece também as pessoas à sua volta. Somos parecidos em nosso íntimo; o que me move também move os demais.

O **quarto passo** consiste em dar o pão a outros. Jesus nos dá uma incumbência. Ele põe os discípulos para trabalhar; eles devem distribuir entre as pessoas os pães que têm. Ao fazer isso verão que os pães são suficientes. Assim que os distribuírem, eles não ficarão mais pobres, não terão menos. Hoje muitas pessoas que estão ajudando outras se sentem exaustas e esgotadas. A razão disso muitas vezes é que elas não dão o que receberam, mas dão para receber em forma de reconhecimento e afirmação. Quem dá por essa razão logo fica exausto. Contudo, quem simplesmente dá ouvidos à sua voz interior recorre à sua fonte interna, e isso o capacita a distribuir sem que sua provisão se esgote. Ele não controla o processo, não quer se gabar com isso, mas simplesmente dá porque é incumbência sua, e nessa incumbência dada por Jesus nunca acaba o pão que ele dá.

O **quinto passo** aparece na ordem de Jesus aos discípulos para instruir as pessoas a se sentarem em grupos de cem e de cinquenta. A experiência da comunhão – e neste caso precisamente a da ceia comunitária, na qual repartimos tudo uns com os outros – é um auxílio importante para superar a avidez, na qual giramos exclusivamente em torno de nós e das nossas próprias necessidades. Fomos enviados com a missão de levar pessoas a viverem em comunhão. Em nosso mundo caracterizado pelo anonimato, no qual as pessoas se isolam cada vez mais e se sentem cada vez mais solitárias, temos a incumbência de formar comunidades.

Os dois números, cem e cinquenta, indicam a qualidade que devem ter as comunidades: "cem" representa a inteireza, e "cinquenta" a abertura para Deus e seu Espírito. Devemos presentear às pessoas a experiência de comunhão terapêutica, na qual sua dilaceração interior seja curada e elas se tornem seres humanos inteiros. O número cem também remete à palavra de Jesus a respeito das cem ovelhas. Devemos ajudar as pessoas a reencontrar o que perderam, a reencontrar a si próprias. A comunhão para a qual convidamos as pessoas deve ser uma comunhão espiritual, na qual elas se abrem para Deus, encontram nele sentido das suas vidas e o fundamento sobre o qual constroem a casa em que vivem. Em Deus elas devem se tornar unas consigo mesmas e unidas com as outras.

Quem acompanhar Jesus nesses cinco passos superará sua avidez; não terá mais de lutar contra ela; desenvolverá em si, muito antes, capacidades que o preenchem de tal maneira que a avidez não tem mais poder sobre sua vida. Quem reprimir sua avidez será dominado por ela. Contudo, quem der esses cinco passos com Jesus conseguirá se afastar cada vez mais da avidez; ela não poderá acompanhá-lo nesse caminho. Consequentemente não terá mais qualquer chance de ficar dentro dele.

A resposta à avidez por fama: tornar-se pequeno como uma criança (Mt 18,1-5)

> Naquele momento aproximaram-se de Jesus os discípulos e perguntaram: "Quem será o maior no Reino dos Céus?" Jesus chamou uma criança, colocou-a no meio deles e disse: "Eu vos garanto que, se não vos converterdes e não vos tornardes como crianças não entrareis no Reino dos Céus. Quem se fizer pequeno como esta criança será o maior no Reino dos Céus. E quem receber uma destas crianças em meu nome é a mim que recebe".

Quem é realmente grande?

O ser humano ávido com certeza também se pergunta quem é o maior. Ele gostaria de aparecer neste mundo como o maior de todos; hoje grassa um verdadeiro vício de expor-se em público. Algumas pessoas acham que aparecer na televisão é o máximo, não importando o constrangimento que isso possa causar; o que importa é ser visto. Assim, a pergunta dos discípulos também é a nossa: Quem é realmente grande? Quem é o maior? A nosso ver, somos grandes quando temos muito dinheiro, quando aparecemos na mídia, quando somos elogiados pelas pessoas, quando somos notados. E acreditamos que somos os maiores quando diminuímos todos os que estão à nossa volta. Sempre vivemos nossa grandeza às custas deles. Precisamos desmerecer os outros para nos valorizar como a pessoa mais grandiosa e mais bem-sucedida, mais inteligente e mais bonita que existe.

Jesus, em contraposição, coloca uma criança no meio dos discípulos. Só isso já é uma provocação. Ele não quer dar um ensinamento abstrato para os discípulos, mas chama uma criança. Apontando para ela, parada no meio deles, Jesus os ensina de modo mais realista do que faria apenas com palavras inteligentes. "Se não vos converterdes e não vos tornardes como crianças não entrareis no Reino dos Céus."

Tornar-se como as crianças não significa infantilizar-se. Significa, muito antes, tomar consciência da própria irrelevância. O ser humano é como uma criança diante de Deus: pequeno, insignificante. Ele deve levantar os olhos para Deus como uma criança, levantar os olhos para aquele que é verdadeiramente grande.

Além disso, uma criança é aberta para o novo; ela ainda é capaz de admirar-se, e torna-se grande quem é capaz disso. Os gregos pensavam que o princípio da filosofia está no admirar-se; quem não é capaz de fazê-lo, à maneira de uma criança, jamais será um grande filósofo. E, para os gregos, filósofo não é quem estuda filosofia, mas quem ama a sabedoria, no sentido original da palavra.

Voltar a ser crianças – voltar a ser nós mesmos

Tornar-se criança tem ainda outros significados. Em relação à psicologia, fala-se hoje que cada qual traz dentro de si uma criança machucada. Essa criança machucada grita sempre que volta a ser machucada de maneira semelhante à que foi na sua infância. E nossa missão é abraçar essa criança machucada dentro de nós.

No entanto, também trazemos uma criança divina em nosso interior. Ela nos lembra a imagem singular que Deus fez de nós para si. Essa criança divina representa também nossa vitalidade interior, o senso que perfaz nossa essência; ela não fez adaptações, e sabe o que combina com ela. Sendo livre, está totalmente presente. Somente quando estamos em contato com a criança divina em nós podemos experimentar Deus, pois nela Ele está totalmente presente. Necessitamos da presença de uma criança para perceber a presença pura de Deus.

Porém, a criança que encontramos em nossos sonhos também representa o original do ser humano. Sonhar com uma criança sempre significa que entramos em contato com a nossa verdadeira essência e que, dentro de nós, manifesta-se algo novo, algo que corresponde a essa verdadeira essência. A criança representa, portanto, o original. Ela não está adaptada, confia em sua intuição. Assim, também devemos confiar em nossa intuição, que ainda não foi corroída pela avidez. O senso interior nos põe em contato com nosso verdadeiro eu, e ali nesse eu não somos determinados pela dimensão do ter, mas do ser. Somos simples sem precisar representar algo, sem precisar nos justificar. A criança simplesmente está aí. Ela é pura presença; não precisa provar-se. Quando vivenciamos essa qualidade da criança em nós estamos livres da pressão de sempre ter de ostentar algo; desfrutamos o puro ser.

Uma criança representa também o que é pequeno no mundo. Na condição de seres humanos, devemos sentir-nos diante de Deus sempre como crianças que levantam os olhos e se admiram de sua infinitude. A criança está aberta para o mistério. Nesse contexto, "Reino dos Céus" significa que Deus reina dentro de nós. Porém, Ele não pode reinar dentro de um ser humano saciado que sabe tudo melhor. Assim, devemos nos tornar como as crianças, abertos para acolher algo novo dentro de nós. Elas também sabem que nada sabem, e são curiosas e ávidas por adquirir a verdadeira sabedoria. Somente quando entramos em contato com a criança em nós, Deus consegue reinar em nosso interior.

No modo de ver de Jesus, ainda outra atitude é característica da criança. Devemos nos "humilhar como essa criança". Somente então nos tornaremos grandes no Reino dos céus. Humilhar em grego é *tapeinôsei* e em latim *humiliare*. Ao dizerem essa palavra, os gregos pensam antes em apequenar-se, tornar-se modesto como uma criança. Os latinos pensam no *humus*, ou seja, na humildade. Nesse contexto, como anteriormente já foi mencionado, humildade se refere à coragem de postar-se com os dois pés no chão e aceitar a sua própria condição humana e terrena. Aqui se torna visível este paradoxo cristão: só sobe ao céu aquele que primeiro tiver descido à terra (cf. Ef 4,9). Somente quando, com toda humildade, aceitamos a nós mesmos como somos, com todas as falhas e fraquezas, com nossa irrelevância percebida na imagem da criança, Deus reinará dentro de nós; somente então seremos grandes no Reino dos Céus. Em Deus, acharemos o nosso verdadeiro eu. Quem se ufana diante dele será humilhado; será confrontado, de maneira dolorosa, com sua própria humanidade.

O desejo de ser visto

O ávido quer compensar seu sentimento de inferioridade com a maior quantidade possível de dinheiro. Lucas nos mostrou isso no exemplo de Zaqueu, o chefe dos coletores de impostos. Este era de estatura pequena. Ele tinha complexo de inferioridade, o que o levou a preencher seu vazio com dinheiro. Sendo o chefe dos coletores de impostos, ele precisou diminuir outros para poder acreditar na sua grandeza. No entanto, ele não conseguiu obter o resultado esperado. Somente quando Jesus olhou para Zaqueu, levantando-lhe os olhos e vendo nele o céu, ele foi capaz de mudar seu comportamento. Agora não precisava mais de dinheiro para ser observado; Jesus o via como o ser humano que ele era, sem precisar provar. E exatamente essa experiência o dispôs a dar a metade do seus bens aos pobres. Agora que experimentou reconhecimento da parte de Jesus, ele não precisa mais de dinheiro para compensar suas deficiências. O encontro com Jesus libertou Zaqueu de sua avidez. Jesus não o exortou a pôr sua avidez de lado. Ao olhar para ele, levantando-lhe os olhos e vendo nele o céu, Jesus o transformou de um ser humano ávido em um ser humano livre e generoso.

O que Jesus quer nos dizer é isto: se nós nos convertermos e nos tornarmos como uma criança, que é livre do vício de provar constantemente quem ela é, se olharmos para nós mesmos e soubermos que Deus também olha para nós, seremos livres para dar. Então a nossa avidez desaparecerá, seremos capazes de nos aceitar. Isso nos possibilitará dar nosso dinheiro ou reparti-lo com os outros.

Sobre a avidez por comparar-se e ganhar mais do que os outros (Mt 20,1-16)

O Reino dos Céus é semelhante a um pai de família que, ao romper da manhã, saiu para contratar trabalhadores para a sua vinha. Acertando com eles o preço da diária, mandou-os para a vinha. Saiu pelas nove horas da manhã e viu outros na praça sem fazer nada. E lhes disse: "Ide também vós para a vinha e eu vos darei o que for justo!" E eles foram. Saiu de novo, por volta do meio-dia e das três horas da tarde, e fez o mesmo. E, ao sair por volta das cinco horas da tarde, encontrou outros que estavam desocupados e lhes disse: "Como é que estais aqui sem fazer nada o dia todo?" Eles lhe responderam: "Porque ninguém nos contratou". Ele lhes disse: "Ide também vós para a vinha!" Pelo fim do dia, o dono da vinha disse ao seu feitor: "Chama os trabalhadores e paga os salários, a começar dos últimos até os primeiros contratados". Chegando os das cinco horas da tarde, cada um recebeu uma diária. E, quando chegaram os primeiros, pensaram que iam receber mais. No entanto, receberam também uma diária. Ao receberem, reclamavam contra o dono, dizendo: "Os últimos trabalharam somente uma hora e lhes deste tanto quanto a nós, que suportamos o peso do dia e o calor". E ele respondeu a um deles: "Amigo, não te faço injustiça. Não foi esta a diária que acertaste comigo? Toma pois o que é teu e vai embora! Quero dar também ao último o mesmo que a ti. Não posso fazer com os meus bens o que eu quero? Ou me olhas com inveja por eu ser bom?" Assim, os últimos serão os primeiros e os primeiros serão os últimos.

Injustiça

Jesus domina a arte narrativa de modo a fascinar seus ouvintes e, ao mesmo tempo, provocá-los. A Parábola dos Trabalhadores na

Vinha é o tipo de narrativa que não deixa ninguém indiferente. A maioria dos ouvintes reage com irritação. Os empregadores dizem: "Eu jamais poderia proceder assim com os meus trabalhadores. Jesus não tem noção nenhuma do atual mundo dos negócios". Os empregados se identificam com os trabalhadores contratados na primeira hora e se irritam com os que vêm trabalhar na última hora. Mas não só empregadores e empregados ficam chocados com essa parábola. Cristãos que se esforçam por cumprir os mandamentos de Deus, que se engajam na Igreja, cumprem seus deveres de cristãos ficam indignados com aqueles que não se atêm a nenhum mandamento e mesmo assim vão para o céu.

Exatamente no ponto em que uma parábola nos irrita pode acontecer uma mudança de pensamento. Com a parábola Jesus vem nos buscar no ponto em que estamos. Ele atiça nossa curiosidade. Mas, ao mesmo tempo, transforma nosso modo de ver as coisas. Ele nos revela nossos desejos e motivos secretos e nos mostra que, no fundo, esperamos receber mais do que os outros. Ele nos remete ao fato de constantemente estarmos nos comparando com outros: não consigo olhar com gratidão para aquilo que recebo. Sempre estou comparando isso com o que os outros recebem e me pergunto por que não recebo mais, já que produzi mais. Isso não vale só para a situação na vinha, mas também para muitas situações de nossa vida.

Jesus descreve uma situação comum no trabalho cotidiano na Palestina: um agricultor procura diaristas para trabalhar em sua vinha. Muitas das grandes fazendas eram cultivadas naquela época com o trabalho de diaristas; eles forneciam mão de obra mais barata do que os escravos, e sua jornada começava ao romper da manhã. O agricultor dessa parábola sabe onde achar trabalhadores; ele chama para a sua vinha os que estão parados na praça. Como pagamento ele combina um denário, que era o salário usual para uma jornada de trabalho. O fato de o agricultor voltar à praça na terceira hora, ou seja, às nove horas, é normal. Mas não é tão comum que ele volte mais duas vezes para contratar trabalhadores. Totalmente incomum é o dono da vinha voltar a procurar trabalhadores na décima primeira hora. Isso é exatamente uma hora antes do término da jornada, e por isso não é possível estabelecer valor econômico. Nesse texto Mateus descreve com minúcias a contratação dos trabalhadores na décima primeira hora. Desse modo, ele mostra que nesse ponto está propriamente o objetivo da parábola; só com esses trabalhadores o agricultor entabula um diálogo. Ele pergunta: "Como é que estais aqui sem fazer nada o dia todo?" E eles respondem: "Porque ninguém nos contratou". Eles se sentem inúteis. Ninguém quer saber deles. É evidente que os que estão ali parados sem fazer nada não estão bem; não estão contentes por não terem nada para fazer. Antes, sofrem por causa disso.

Evidentemente, Jesus sabia como manter o suspense em suas narrativas. Ele intensificou o elemento surpresa, fazendo com que, na hora de pagar o salário, os últimos viessem primeiro. O dono da vinha pagou-lhes um denário. É um bom salário, até porque com os últimos o agricultor não combinara qualquer remuneração. Isso despertou a cobiça nos trabalhadores da primeira hora. Embora o salário combinado tivesse sido um denário, eles passaram a esperar mais e reclamaram porque também só receberam um denário. Insatisfeitos, eles se compararam com os outros, que trabalharam menos. Sua resposta estava cheia de simbolismo, e é possível perceber que Mateus põe essa resposta na boca dos cristãos zelosos que se indignam por que Jesus chama também pecadores, por que na comunidade cristã também há espaço para pessoas que não têm o que ostentar: "Os últimos trabalharam somente uma hora e lhes deste tanto quanto a nós, que suportamos o peso do dia e o calor". Dessas palavras se depreende claramente o que move os cristãos e como eles entendem sua vida: não são gratos por terem trabalho, porque sua vida é bem-sucedida, mas se comparam com outros. Eles não veem com gratidão aquilo que receberam, mas olham para os presentes que Deus dá também para os outros. O ato de comparar desperta inveja e me deixa cego àquilo que é adequado e bom para mim. Além disso, os cristãos, aos quais se dirige esse texto, entendem sua vida como peso e labuta no calor do dia. Eles não sentem prazer no trabalho, no êxito, na colheita que podem recolher e desfrutar. Eles estão fixados nas cargas, no peso, na fadiga que a vida acarreta.

No entanto, a parábola não tem em mente só o cristão típico que se esforça por cumprir os mandamentos de Deus e da Igreja e que se sente injustiçado quando Deus dá a salvação também a outros. A parábola também está direcionada a cada um de nós, inclusive aos não religiosos. Ela nos revela que não permanecemos em contato conosco mesmos e não podemos desfrutar com gratidão o que a vida nos oferece. Pelo contrário, sempre estamos nos comparando com outros, e o ato de comparar nos deixa ávidos. Gostaríamos de ter tanto dinheiro quanto nosso vizinho; gostaríamos de ter uma aparência tão bela quanto a da mulher que vimos na televisão; gostaríamos de ser tão inteligentes quanto este ou aquele professor. Nunca ficamos satisfeitos com o que somos; nossos desejos são insaciáveis. A inveja desperta cada vez mais desejos em nós, e sempre há pessoas que têm algo que não temos. Portanto, queremos ter cada vez mais e alcançar sempre mais coisas.

Não há como quantificar a bondade

Na parábola, o agricultor se dirige ao porta-voz com a palavra que denota familiaridade: "Amigo". Ele o remete ao acerto feito. E pergunta irritado a ele, e assim também ao leitor: "Não posso fazer com os meus bens o que eu quero? Ou me olhas com inveja por eu ser bom (para outros)?" Essa pergunta acerta o coração do porta-voz como um dardo, mas acerta também o coração do ouvinte e do leitor. Com essa pergunta Jesus descreve sua própria essência e a essência de Deus, que é bondoso. Mas não há como quantificar sua bondade; ela não ocorre por obrigação. Na época da Reforma, essa parábola foi interpretada como vitória da graça sobre todo pensamento de recompensa. Mas isso certamente também é unilateral, pois o agricultor dá a cada um o que é justo, o que cada um mereceu. No entanto, a justiça de Deus que desponta na ação do dono da vinha está acima de todo cálculo.

Alguns Padres da Igreja interpretaram essa parábola como metáfora do tempo de vida do indivíduo: algumas pessoas são cristãs desde o nascimento, outras se convertem na juventude, algumas só quando adultas ou até enquanto idosas. Os Padres da Igreja exortam os cristãos da primeira hora a não reduzirem o seu empenho, enquanto dirigem palavras de consolo e confiança aos que foram batizados tardiamente. Cada qual deve fazer sua própria jornada, e nesse percurso bem pessoal servir a Deus sem comparar-se com outros. Todos receberão um denário. Esse denário não representa só o salário praticado na época por uma jornada de trabalho, mas, ao mesmo tempo, é imagem do tornar-se inteiro e do unificar-se com Deus. Não haverá mais do que o unificar-se. Este é o destino da vida humana. E o caminho até esse destino é diferenciado; para uns é mais curto, para outros é mais longo.

Comparar: garantia de inveja e de insatisfação!

Essa explicação foi uma tentativa de interpretar o sentido da parábola dentro da sua época. Mas qual é o sentido atual dessa parábola? Ela me confronta com a questão de como entendo a minha vida: Só como realização, como trabalho penoso, enquanto a vida propriamente dita consistiria em ficar parado pelos cantos sem fazer nada? Ou tenho a sensação de que meu empenho por outros também me traz satisfação? Mesmo que o trabalho às vezes exija grande esforço, tenho ao final do dia uma boa sensação: trabalhei por Deus e pelas pessoas? Isso dá sentido e plenitude à minha vida. Quem fica parado na praça sem fazer nada certamente é infeliz; constantemente se sente supérfluo; sua vida é sem sentido. Ser chamado, ser convocado, ser contratado é que perfaz o valor do ser humano.

Quando me envolvo com o trabalho que me é confiado, sem comparar-me com outros, torno-me um comigo mesmo, um com Deus e um com as pessoas onde trabalho. E mais não preciso para viver. Mas se eu desviar o olhar do que estou fazendo, olhar para os outros e comparar-me com eles, ficarei interiormente dividido e insatisfeito.

Quando converso sobre essa parábola com os participantes dos meus cursos, percebo quanta agressão oculta, quanto sentimento de inveja, quanto ciúme e quanta avidez aflora em nós. Ficamos ressentidos com tudo o que o outro consegue; temos a impressão de que estamos sendo prejudicados; olhamos desajustados para aqueles que levam uma vida confortável. Certamente ninguém conseguirá olhar para essa parábola sem ter uma reação; ela revela o sentimento de inveja e a avidez que estão ocultos sob a superfície do nosso senso de dever, do nosso empenho no trabalho, do nosso engajamento cristão. Quem reage com irritação a essa parábola deveria investigar essa sua reação, perguntando-se o quanto de inveja e ciúme, de agressão e avidez é "disparado" por ela. Em seguida, ele deveria entabular com Jesus um diálogo que lhe transmitisse um novo modo de ver as coisas e o convidasse a deixar de lado as comparações e a aceitar com gratidão o que honestamente mereceu com o trabalho de suas mãos.

Se eu me comparar com outros em tudo o que faço, sempre me sentirei tratado injustamente. Mas quando me concentro totalmente no meu trabalho e me identifico com ele, isso me dá prazer. Quando desvio os olhos do meu trabalho e olho para aqueles que nada fazem, que não se esforçam, fico aborrecido. Fazendo isso estrago a minha própria vida. Jesus quer me convidar a estar integralmente naquilo que estou fazendo e vivenciando, deixando de lado toda a comparação com os outros. Quando olho para eles desejo, sempre cheio de avidez, aquilo que têm ou fazem. Desejo, então, ficar parado pelos cantos sem fazer nada, exatamente como os outros. Mas isso realmente me deixaria feliz? Se eu ficar parado por aí sem fazer nada, passarei a me comparar com aqueles que têm algo para fazer, e os invejarei. Inveja e avidez andam juntas; as duas são caminhos que levam à infelicidade. Envolver-me com aquilo que sou e faço é o caminho que leva à tranquilidade e à satisfação.

A avidez por dinheiro em meio à abundância (Lc 12,13-21)

> Disse-lhe, então, alguém da multidão: "Mestre, dize a meu irmão que reparta comigo a herança". Jesus lhe respondeu: "Moço, quem me colocou como juiz ou partidor entre vós?" E lhes disse: "Cuidado com qualquer tipo de ganância, porque

o sentido da vida não consiste em que um ser humano viva na abundância, baseado em suas muitas posses". Contou-lhes, então, uma parábola: "Havia um homem rico, cujas terras lhe deram grande colheita. Ele pensava consigo mesmo: 'O que vou fazer? Não tenho onde guardar a colheita'. Disse então: 'Já sei o que vou fazer; vou derrubar os celeiros e construir maiores para ali guardar todo o trigo e os meus bens. Então poderei dizer a mim mesmo: Meu caro, tens muitos bens armazenados para muitos anos. Descansa, come, bebe, festeja!' Deus, porém, lhe disse: 'Insensato! Ainda nesta mesma noite tirarão a tua vida, e para quem ficará tudo que acumulaste?' É o que acontece com quem ajunta tesouros para si e não é rico diante de Deus".

Sentir-se prejudicado

Recentemente falei com uma advogada especializada em direito de família e herança. Ela me falou da avidez sem tamanho que muitas vezes eclode nas pessoas quando se trata da repartição da herança. As pessoas nunca ficam satisfeitas com o que ganham. No entanto, em muitos conflitos de herança nem se trata em primeira linha de dinheiro ou de patrimônio, mas da questão referente a quem foi o preferido do pai ou da mãe. Às vezes ocorre que, sobre o pano de fundo dos conflitos legais, são travados antigos conflitos familiares. A pessoa se deixa levar pelo sentimento de ter sido prejudicada, de não ter recebido amor e atenção suficientes do pai e da mãe. O que se quer naquele momento é compensar a falta de amor, conquistando para si o que for possível conquistar do patrimônio. No entanto, com dinheiro não se resolvem os conflitos de família. Pelo contrário, com frequência é na questão da herança que as famílias se desentendem de vez. As relações são cortadas; não se fala mais com o irmão ou com a irmã.

No texto do Evangelho de Lucas dirige-se a Jesus alguém da multidão que evidentemente se sentiu prejudicado, que não se sentiu suficientemente considerado pelo pai nem suficientemente amado pela mãe. Ele pede que Jesus diga a seu irmão para dividir com ele a herança recebida. O irmão reivindica todo o amor do pai e da mãe para si. Ele quer ficar com tudo e não dividir nada. O pedido do homem parece razoável. Mas Jesus responde negativamente: "Moço, quem me colocou como juiz ou partidor entre vós?" Jesus se recusa a intervir nos conflitos de herança; Ele não se sente chamado a mediar conflitos de família; Ele não quer julgar se o irmão ou a irmã deveriam ter recebido mais amor do pai e da mãe.

O que retenho faz a vida ficar empacada

Jesus adverte as pessoas sobre todo tipo de cobiça. Quem quer ter cada vez mais define-se exclusivamente a partir de fora; jamais encontrará seu próprio valor; nunca encontrará a si mesmo nem o seu centro; jamais ficará satisfeito. Jesus expressa isso numa frase um tanto complicada. A tradução unificada alemã a interpreta assim: "O sentido da vida não consiste em que um ser humano viva na abundância, baseado em suas muitas posses". Poderíamos traduzi-la também assim: a vida não obtém seu sentido a partir da abundância de bens exteriores à sua disposição. O ávido espera que o dinheiro flua, mas coisas não fluem. Elas não nos transmitem a sensação de que a vida começa a fluir. Muito provavelmente aquilo que retenho faz a vida ficar empacada. Com essa frase Jesus quer dizer que o desejo de ter paralisa a vida. Ele gostaria que a vida fluísse em nós. Só conseguiremos isso se não nos agarrarmos a coisas exteriores. O ter é algo rígido; só o ser é capaz de fluir. Somente quando passamos do ter ao ser nossa vida começa a fluir.

Jesus explica o que quer dizer com isso, valendo-se do exemplo do cerealista rico. Jesus conta que os campos desse produtor rural deram boa colheita. Ele pode, portanto, sentir-se grato; não foi mérito seu poder guardar uma colheita tão boa. Então ele começa a monologar. Lucas gosta muito do monólogo; ele toma esse recurso estilístico da tragédia grega, visando formular os pensamentos do ouvinte. Todos nós conhecemos os pensamentos acalentados pelo rico produtor de cerais. Eles soam perfeitamente sensatos: se a colheita não cabe nos celeiros velhos, faz sentido construir maiores. Mas, então, seus pensamentos tomam um rumo que Jesus não pode aprovar. O produtor rural diz para si mesmo: "Descansa, come, bebe e festeja". São pensamentos que correspondem à filosofia epicureia, muito apreciada na Grécia daquela época e que hoje consegue novos adeptos. Trata-se de desfrutar a vida ao máximo, de sentir-se sempre bem. Tais "ofertas de *wellness* [bem-estar]" ainda hoje atraem pessoas. Mas Jesus vislumbra o perigo de girar exclusivamente em torno de si mesmo, do seu próprio bem-estar. No entanto, não podemos planejar o bem-estar e muito menos retê-lo. O próprio Deus poderia frustrar nossos planos: "Insensato! Ainda nesta mesma noite tirarão a tua vida, e para quem ficará tudo que acumulaste?" Não podemos reter nem posse, nem sucesso, nem reconhecimento e nem afirmação. São coisas exteriores. É da vida que se trata, isto é, da alma, como consta no texto grego. A alma se refere ao íntimo do ser humano, e é no íntimo que se decide se a vida será exitosa ou não.

O produtor de cereais pensa assim: agora que tomou todas as providências para o futuro, ele poderia começar a viver de verdade. Ele gostaria de ter a garantia de uma vida longa e prazerosa. A narrativa bíblica me trouxe à memória uma história contada por Peter Schellenbaum: um homem precisou passar por uma operação complicada em um hospital. Quando teve alta, ele perguntou ao médico-chefe quanto tempo ainda teria de conviver com essa doença. O médico-chefe lhe disse que suas chances eram boas. Mas isso não lhe bastou. Ele queria saber exatamente qual sua expectativa de vida segundo as estatísticas médicas. Então o médico-chefe lhe disse que em torno de trinta anos. Absorto em seus pensamentos, o homem atravessou a rua. Pensando na estatística do médico, não viu o carro que o atropelou. Ele teve morte instantânea (cf. SCHELLENBAUM, p. 48s.). Quando fazemos nossa vida depender de coisas exteriores nós a deixamos escapar e não percebemos a morte que nos sobrevém repentinamente. A avidez deixa escapar a vida; nunca se vive no instante, mas sempre no futuro, e não se percebe que a morte pode nos surpreender neste exato momento. O ávido se agarra à ilusão de que viverá eternamente. No entanto, essa ilusão se desfaz mais rapidamente do que ele imagina.

A crítica de Jesus às palavras do cerealista rico tem ainda outro pano de fundo. Com frequência há pessoas que dizem: "Vou trabalhar duro agora e ganhar dinheiro suficiente para poder me aposentar aos cinquenta anos de idade. Então terei tempo para me dedicar à família; então poderei desfrutar a vida". Quando ouço tais palavras sei de imediato que elas nunca levarão a uma vida plena, pois essas pessoas nem são capazes de descansar. E quando querem tomar tempo para a família, esta há muito já se afastou delas. As crianças já não precisam mais do pai. Além disso, essas pessoas se identificaram de tal maneira com seu trabalho, que nem são mais capazes de se alegrar com a vida. Elas acreditam que a alegria de viver decorre automaticamente do trabalho determinado pela avidez. Mas isso é ilusão. Jesus desfaz essa ilusão apontando para a morte iminente, que pode ocorrer instantaneamente.

Repartir e dar muito fruto

Lucas escreveu seu Evangelho para a classe média grega, para os grandes proprietários de terras, os artífices, lojistas e comerciantes. Ele não pensa que a posse em si seja uma coisa ruim. Ele tampouco pede que seus ouvintes simplesmente renunciem às suas posses. O que ele quer é que as repartam com os outros. Eles não devem girar em torno de si mesmos. Caso contrário, vivem apartados da vida e de Deus. Jesus pensa que quem apenas quer manter suas posses, como no caso do cerealista rico, fracassará. Em vez da avidez por juntar coisas para si, Jesus recomenda a solidariedade com os pobres. A solidariedade transforma a avidez em alegria comum pelo que Deus presenteou a todos. Jesus fala de pessoas que juntam tesouros para si mesmas, que querem ter tudo exclusivamente para si. Para elas, nunca terão o bastante. No entanto, sua vida não produz fruto. Na psicologia atual fala-se da "sensação de *flow* [fluidez]", que é a verdadeira condição para ser feliz. A vida tem de fluir. E isso só acontecerá quando entrego minha pessoa, meu tempo e também minhas posses; quando me entrego ao trabalho, quando me entrego às pessoas. Para Jesus, quem se entrega torna-se rico diante de Deus.

Assim, não está em jogo apenas a entrega do meu patrimônio, mas também a entrega do meu tempo, da minha energia. Quem sempre fica com medo de dar mais do que suas forças aguentam, quem apenas se delimita, sem entregar-se, deixa sua vida estéril. Erich Fried retratou isso de modo impactante em seu poema *Pequeno exemplo*:

Vida não vivida
Também se acaba
Mais devagar talvez
Como a pilha
De uma lanterna
Que ninguém usa
Não adianta muito
Quando
Depois de alguns anos
Alguém ligar
Essa lanterna
Não sai mais nenhum sopro de luz
E se a abrires
Nada encontrarás além dos teus ossos
E se tiveres azar
Eles já estarão bem carcomidos.
Teria dado na mesma
Se tivesses
Luzido.

O cerealista quis guardar para si mesmo suas "pilhas". Sua "lanterna" nunca luziu. Não deveríamos guardar e assegurar nossa vida não vivida, mas viver nossa vida realmente, entregando a nós mesmos e o que temos de energia, de capacidades e de tudo que está à nossa disposição. Desse modo, a vida se torna rica, e nossa luz brilhará para nós e para os outros. Quando fizermos isso acontecerá o que o cerealista desejou para si: "Descansa e te alegra". Não há como tomar a verdadeira alegria. Ela acontece quando se dá, quando a vida flui e a "pilha" se gasta no "luzir".

Sobre o esbanjamento do amor (Jo 12,1-8)

Seis dias antes da Páscoa, Jesus foi para Betânia, onde estava Lázaro que ele havia ressuscitado dos mortos. Prepararam ali um jantar para Jesus; Marta estava servindo e Lázaro era um dos que estava à mesa com Jesus. Maria pegou então um frasco de um perfume de nardo puro muito caro, ungiu os pés de Jesus e os enxugou com os cabelos. A casa ficou toda perfumada. Judas Iscariotes, um dos discípulos, que o haveria de trair, disse: "Por que não foi vendido esse perfume por trezentas moedas de prata para dá-las aos pobres?" Falava assim, não porque se interessasse pelos pobres, mas porque era ladrão. Tomava conta da bolsa e roubava o que nela depositavam. Jesus então disse: "Deixai-a fazer isso para o dia do meu sepultamento. Sempre tereis pobres convosco, mas a mim nem sempre tereis".

Uma história de amor

Ou a avidez está associada à avareza ou ao esbanjamento. Este pode ser um sinal de falta de disciplina ou de ostentação com o dinheiro. Neste último caso, a intenção do esbanjamento é comprar a atenção das pessoas ou então sua admiração. Os Padres da Igreja acham que é mais difícil curar a avareza do que o esbanjamento, pois o esbanjamento pode ser transformado em esbanjamento do amor, que é o oposto de avidez e avareza. O amor dá porque gosta de dar, por ser tão grande que simplesmente tem de dar. É João quem nos fala desse amor esbanjador nesse trecho do seu Evangelho.

As narrativas de João sempre têm um significado simbólico. Ele narra o que aconteceu, mas isso também aponta para algo invisível e misterioso. O mesmo acontece com a narrativa da unção de Jesus em Betânia. João começa com a frase: "Seis dias antes da Páscoa Jesus foi para Betânia, onde estava Lázaro que ele havia ressuscitado dos mortos". "Seis" é o número da incompletude e do que se faz com as próprias mãos. Porém, por meio da morte e da ressurreição de Jesus o incompleto se torna completo e inteiro. O "seis" remete para o "sete", para o número da transformação e da plenitude. Na ressurreição, o ser humano é recriado. É nela que acontece o verdadeiro *páscha*: a travessia para o mundo de Deus, a transformação e divinização do ser humano. Maria efetua o mistério do *páscha*, da travessia. No ato da unção ela atravessa do mundo da utilidade para o mundo do amor, do mundo das coisas limitadas para o mundo do amor sem limites.

Seis dias antes do *páscha*, ou seja, no sábado à noite, Maria, Marta e Lázaro oferecem um jantar para Jesus. Talvez essa refeição seja uma imagem da Eucaristia que os cristãos celebravam no sábado à noite. Maria tomou um frasco de perfume de nardo puro muito caro e ungiu os pés de Jesus com ele. Tratava-se de uma grande quantidade de perfume que chegou às raias do esbanjamento. Na Antiguidade, o óleo de nardo era considerado um dos óleos mais preciosos. Judas estima o valor da quantidade usada em trezentos denários. Isso é mais do que o rendimento anual de um diarista.

Em seguida, o texto diz: "A casa ficou toda perfumada". A abundância transbordante de óleo lembra a abundância de vinho que Jesus providenciou nas Bodas de Caná. Nela se fala do novo sabor da vida. Aqui o tema é o odor precioso que entra pelo nariz. O amor de Deus que se torna pleno na morte de Jesus espalha um odor agradável. A casa inteira, a Igreja inteira, o mundo inteiro ficam perfumados e são transformados por esse odor. Os Padres da Igreja interpretam essa cena assim: a partir da morte e ressurreição de Jesus o perfume do conhecimento (da *gnôsis*) enche o mundo inteiro. Em comparação com o mau cheiro exalado pelo corpo morto de Lázaro, a ressurreição tem um cheiro bom. Nessas imagens, João mostra que a realidade de Deus pode ser percebida com todos os sentidos. Ela pode ser vista e ouvida, saboreada, cheirada e apalpada. A tradição mística aprofundou essa visão de João em sua teologia da *dulcedo Dei*, da "doçura de Deus". Deus pode ser experimentado e sentido. O vestígio dele na alma humana é o perfume, o novo sabor, a doçura e a alegria.

A unção com perfume precioso é imagem do amor. No início da paixão encontra-se, portanto, o amor de uma mulher. No capítulo 13 do Evangelho de João a ação de Jesus é descrita como amor. Essa narrativa também se encontra nos evangelhos de Marcos e de Mateus. Mas nestes, Maria unge a cabeça de Jesus. João, em contraposição, fala conscientemente da unção dos pés, pois esse gesto é algo muito pessoal e também erótico. Ele é permitido somente à esposa ou à filha.

O que Maria faz tem paralelos na ação de Jesus: na Última Ceia, Ele lavaria os pés dos discípulos. Naquele momento, Ele prestaria aos discípulos não só o serviço masculino do escravo, mas também o serviço feminino da esposa e filha. Na cruz, Jesus tornaria esse amor pleno, dando a si mesmo por nós. Ali se abriria o frasco precioso do seu coração e seu amor seria derramado sobre nós.

A avidez não tem senso para o mistério do amor

Judas não entende o amor esbanjador de Maria. Ele tampouco tem senso para o mistério do amor de Jesus, que se dá por nós na morte. Ele olha tudo sob o aspecto da utilidade. Isso é humano. O amor de Deus, contudo, é outra coisa. Mas o que João ainda quer deixar claro com a resposta de Judas é o seguinte: não há como encampar a revelação de Jesus nem mesmo como programa social. Na realidade, às vezes o que está por trás do programa social é, de fato, inveja e ganância. É assim que o próprio João interpreta o fato ao descrever a crítica de Judas de que se poderia ter vendido o perfume por trezentos denários e ter dado o dinheiro aos pobres, como expressão de sua ganância: "Falava assim, não porque se interessasse pelos pobres, mas porque era ladrão. Tomava conta da bolsa e roubava o que nela depositavam". A ganância se infiltrou, portanto, até mesmo no círculo dos discípulos. Jesus também precisou de dinheiro para seu sustento e o dos discípulos. No entanto, aquele que era responsável pela bolsa sucumbiu à ganância; ele se apropriava indevidamente do dinheiro. Seguidamente deparamos com esse fenômeno quando lemos o noticiário. Por exemplo: o tesoureiro de uma associação de utilidade pública, da ação para arrecadar donativos, da obra missionária, e assim por diante, desviou dinheiro para fins pessoais. Onde tem dinheiro em jogo é despertada também a avidez, até mesmo em pessoas que se engajam a favor de objetivos nobres como a missão e o apoio a projetos de ajuda.

Nessa narrativa de João trata-se do mistério do amor que se esvai. É o amor de uma mulher. No Evangelho de João, sempre que mulheres desempenham um papel central, o que está no centro é o amor, como nas Bodas de Caná, no diálogo com a samaritana, na ressurreição de Lázaro, na qual Maria e Marta têm um papel importante, aqui na unção em Betânia e, por fim, na cena da ressurreição com Maria Madalena, que busca aquele por quem sua alma tem amor. João situa uma cena de amor no início e outra no fim da paixão de Jesus. O centro da paixão, a morte de Jesus na cruz, é a consumação do amor. Com a imagem da unção de Jesus, João expressa que não é possível quantificar o amor que se torna pleno na paixão e ressurreição de Jesus. Ele é "esbanjador e irracional"; escapa à compreensão das pessoas racionais. Só tem acesso a ele quem sabe amar verdadeiramente.

A unção da cabeça de Jesus nos evangelhos de Marcos e de Mateus poderia ser entendida como unção do rei. O Jesus que está indo para a morte é, ao mesmo tempo, o rei propriamente dito. A unção dos pés descrita por João e Lucas é, antes, expressão do amor, mais exatamente, de um amor erótico. Em Lucas, a unção dos pés é claramente uma cena erótica: a mulher, uma prostituta conhecida, solta seus cabelos para secar os pés de Jesus, que ela havia previamente molhado com suas lágrimas. Soltar os cabelos era, para a percepção judaica, um gesto especialmente erótico. Além disso, a mulher beija os pés de Jesus. O próprio Jesus interpreta seu ato como expressão do seu grande amor. Este é um sinal de que a mulher foi muito perdoada. Lucas deixa o leitor em suspense, perguntando se Jesus perdoa a mulher por esta ter mostrado tanto amor por Ele ou se Jesus apenas confirma o perdão que foi a razão do seu amor. Perdão e amor estão entrelaçados. Porque a mulher amou muito, muito lhe foi perdoado; e vice-versa: porque muito lhe foi perdoado, ela agora esbanja amor.

Para viver o ser humano também precisa do inútil e do belo

O tema do amor esbanjador e da crítica a ele aflora seguidamente nos dias de hoje. Muitas pessoas censuram a Igreja, dizendo que, em vez de construir igrejas belas e caras, deveria dar o dinheiro correspondente aos pobres. O correto nessa crítica certamente é que a Igreja sempre deveria, também, ser uma Igreja dos pobres. Mas quando analisamos essa crítica à luz do Evangelho de João, deveríamos perguntar em tom igualmente crítico: Por trás dela não estaria a inveja e, em última análise, a avidez por ficar com o dinheiro para si? A menção dos pobres não seria um álibi para a minha própria avidez? Construir belas igrejas, ter visão para a beleza da arte é, em última análise, expressão de um amor esbanjador. O fato de amarmos a Deus nos faz querer expressar a beleza dele na beleza de uma igreja, na beleza de um quadro. Se de tanto engajamento social esquecermos a arte, tampouco ajudaremos os pobres. Eles também precisam do belo para dar conta da sua própria vida. Naturalmente, sempre deve haver equilíbrio entre beleza e ajuda social. No entanto, não é possível superar a pobreza só com dinheiro. Para relativizar a pobreza é preciso levantar os olhos para algo maior. Para os críticos do amor esbanjador, a resposta de Jesus soa como um escárnio: "Sempre tereis pobres convosco, mas a mim nem sempre tereis". Essa frase é, no mínimo, um espinho na carne de todos os que se engajam com todas as suas forças pela supressão da pobreza. Por mais dinheiro que tenhamos, não conseguiremos eliminar a pobreza do mundo. Devemos sempre fazer as duas coisas juntas: ajudar os pobres e, ao mesmo tempo, olhar para aquele que sacia nosso anseio mais profundo, para o Deus do amor, para Jesus Cristo, no qual resplandece o amor de Deus por nós da forma mais clara possível.

Sobre o desejo de esbanjar e sobre a avareza que nada se permite (Lc 15,11-32)

> Um homem tinha dois filhos. O mais jovem disse ao pai: "Pai, dá-me a parte da herança que me cabe". E o pai dividiu os bens entre eles. Depois de alguns dias, o filho mais jovem juntou tudo e partiu para uma terra distante. Lá dissipou os seus bens numa vida desregrada. Depois de gastar tudo, houve grande fome naquela terra e ele começou a passar necessidade. Ele foi pôr-se a

serviço de um dos cidadãos daquela terra, que o mandou para os seus campos cuidar dos porcos. Desejava encher o estômago com o que os porcos comiam, mas ninguém lho dava. Caindo em si, disse: "Quantos empregados de meu pai têm pão em abundância, e eu aqui morro de fome! Vou partir em busca de meu pai e lhe direi: Pai, pequei contra Deus e contra ti. Já não sou digno de ser chamado teu filho. Trata-me como um dos teus empregados". Então se levantou e voltou para a casa do pai. Ainda longe, o pai o viu e ficou comovido. Correu-lhe ao encontro e o abraçou, cobrindo-o de beijos. O filho, então, lhe disse: "Pai, pequei contra Deus e contra ti. Já não sou digno de ser chamado teu filho". Mas o pai falou para os escravos: "Trazei depressa e vesti nele a túnica mais preciosa, ponde-lhe um anel no dedo e sandálias nos pés. Trazei um bezerro bem gordo e matai-o. Vamos comer e nos alegrar, porque este meu filho estava morto e voltou à vida, estava perdido e foi encontrado". O filho mais velho estava no campo. Ao voltar, quando se aproximava da casa, ouviu a música e as danças. Chamando um dos criados, perguntou do que se tratava. O criado respondeu: "Teu irmão voltou e teu pai mandou matar o bezerro gordo porque o recuperou são e salvo". Ele ficou indignado e não queria entrar. Então o pai saiu e insistiu para que entrasse. Mas ele respondeu ao pai: "Há tantos anos eu trabalho para ti, sem nunca desobedecer uma ordem tua, e nunca me deste sequer um cabrito para festejar com os meus amigos. E agora que voltou esse teu filho que devorou tua fortuna com prostitutas, matas para ele o bezerro gordo". O pai lhe explicou: "Filho, tu estás sempre comigo e tudo o que é meu é teu. Mas era preciso fazer festa e alegrar-se, porque este teu irmão estava morto e voltou à vida, tinha-se perdido e foi encontrado".

Identificar aspectos sombrios

Esbanjamento e avareza também é tema da mais bela parábola de Jesus, narrada por Lucas, a parábola do filho perdido e do irmão que ficou em casa. Nela nos são exibidos com muita clareza os dois lados da avidez: por um lado, a avidez como desejo de esbanjar tudo, de simplesmente gastar tudo que tenho sem controle, o desejo de mudar-se para um lugar estranho e levar uma vida "desregrada"; por outro lado, a avidez como avareza, poupar em tudo, ficar em casa, não ter coragem de ousar alguma coisa, sempre ir pelo mais garantido. O filho aparentemente mais pacato e acomodado, o filho comportado que ficou em casa, extravasa o lado sombrio do seu irmão. E inversamente o irmão esbanjador extravasa os lados sombrios reprimidos do seu irmão mais velho.

O filho mais jovem não suporta mais a vida acomodada em casa. Ele pede que o pai lhe dê imediatamente a parte que lhe cabe da herança. Ele quer viver já. Isso corresponde à atitude de muitos jovens hoje: eles apenas querem viver, desmedidamente e, se possível, de imediato. O filho mais jovem parte em seguida para uma terra distante. Não há nada de condenável nisso; muito pelo contrário, isso demonstra sua intrepidez. Mas então ele dissipa todo o seu patrimônio "levando uma vida devassa". Em grego, consta *tzôn asótos*, o que significa que ele "viveu sem esperança de salvação", viveu na perdição, desregradamente, no vício. Aristóteles define *asótos* assim:

> Esbanjador é quem se arruína por sua maneira de viver (HEININGER, p. 159).

Na sequência, o filho decai de tal maneira que tem de encostar-se em um cidadão do lugar, tornando-se dependente dele, que o manda para o campo cuidar de porcos. Para o leitor judeu, isso é um sinal claro de que o filho se perdeu completamente, renunciando a si e à sua dignidade; acabou no meio dos porcos. Mas ele não ganha nem os frutos da alfarrobeira que os porcos comem. Quando chegou ao fundo do poço, quando tudo lhe tinha sido tirado, quando estava jogado sem nada e fracassado sobre as ruínas da sua existência, ele caiu em si, voltou a si. Ele, que havia se estranhado de si mesmo, que se deixara levar por sua avidez, retomou o contato consigo mesmo, voltou a si. Tendo voltado a si, trava um monólogo que reflete acertadamente a sua situação interior: "Quantos empregados de meu pai têm pão em abundância, e eu aqui morro de fome! (Em grego, *apóllymai*: estar perdido, perecer.) Vou partir (em grego, *anastás*: levantar-se, ressuscitar) em busca de meu pai e lhe direi: 'Pai, pequei contra Deus e contra ti. Já não sou digno de ser chamado teu filho. Trata-me como um dos teus empregados'". O monólogo retrata o estado de ânimo do filho e proporciona ao leitor um vislumbre de sua psique. Ele está a um passo de desistir de si mesmo. No entanto, há nele uma voz que o faz dar meia-volta. Ele não quer se perder; ele gostaria de viver. Então, fez o que reconheceu no seu coração: pôs-se a caminho da casa do pai.

O pai se compadece dele. Corre ao seu encontro. Na verdade, a pressa não era uma atitude adequada a um patriarca da família. Mas o pai não se importa com sua posição. O filho é mais importante para ele. Assim, corre ao encontro dele, abraça-o e beija-o. Ele nem deixa o filho terminar de falar, mas ordena aos servos que busquem uma roupa para ele, ponham o anel no seu dedo e lhe calcem as sandálias. Desse modo, o pai reintegra o filho à família. E comemora: "Vamos comer e nos alegrar, porque este meu filho estava morto e voltou à vida, estava perdido e foi encontrado".

Ira santa

Contudo, a alegria do pai pelo retorno do seu filho perdido sofre resistência. O filho mais velho reage cheio de ira à alegre comemoração que o pai organiza para o filho mais novo. No Antigo Testamento, esse tipo de ira aparece com frequência. É a ira do crente quando Deus se compadece do pecador. Jonas reage cheio de ira à misericórdia de Deus para com Nínive. E o salmista fala da ira do piedoso diante dos êxitos do perverso (Sl 37,1).

O filho mais velho, com a sua ira, representa na parábola não só os fariseus que se empenham ao máximo para cumprir os mandamentos de Deus, mas, quando fazem isso, com bastante frequência cumprem seu dever sem alegria, sem descobrir a riqueza da vida que Deus lhes oferece. Provavelmente todo leitor se descobrirá no filho mais velho. Frequentemente vivemos o ideal de cumprir todos os mandamentos de Deus e fazer exclusivamente sua vontade. Mas a irritação com outras pessoas que não se atêm a esses mandamentos mostra que essas palavras tocam um lado sombrio dentro de nós, como, por exemplo, que não é por livre e espontânea vontade ou por motivos próprios, por motivos "puros", que vivemos acomodados, e isso não nos faz felizes. Com bastante frequência o que está por trás disso é, muito antes, o medo de viver. O mesmo se aplica quando vivemos poupando e nos exaltamos com aqueles que desperdiçam seu dinheiro. Nós nos exaltamos com aquele que vive em plenitude nossos lados sombrios reprimidos.

A reação do filho mais velho mostra claramente que o filho mais novo viveu as sombras do seu irmão. Nas palavras dirigidas ao pai ele revela motivos inconscientes que o moveram a permanecer em casa, a ser comportado e econômico: "Há tantos anos eu trabalho para ti, sem nunca desobedecer uma ordem tua, e nunca me deste sequer um cabrito para festejar com os meus amigos. E agora que voltou este teu filho, que devorou tua fortuna com prostitutas, matas para ele o bezerro gordo". O filho não fez a vontade do pai com desprendimento, mas quis merecer seu reconhecimento. Ele esperava em seu íntimo que o pai o tratasse com distinção por ter permanecido em casa. Ele economizou, não causou preocupações ao pai, não esbanjou seu patrimônio. No entanto, por trás da fachada de decência percebe-se fantasias sexuais reprimidas, pois ele acusa o irmão mais jovem de ter dissipado seus bens com prostitutas, mas isso não é confirmado pela narrativa, mas corresponde à sua própria fantasia. No personagem do filho mais velho, Lucas descreve, portanto, os nossos lados sombrios que, com bastante frequência, se ocultam atrás de uma fachada piedosa.

O pai se dirige amorosamente também ao filho mais velho: "Filho, tu estás sempre comigo e tudo o que é meu é teu. Mas era preciso fazer festa e alegrar-se, porque este teu irmão estava morto e voltou à vida, tinha-se perdido e foi encontrado". É uma frase cheia de carinho para com o filho mais velho. E, no entanto, o pai chama a sua atenção para o fato de que "este meu filho" também é irmão dele. O fato de o irmão que se perdera ter sido encontrado e aquele que estava morto ter voltado à vida é razão suficiente para fazer festa.

Não há como ler essa parábola sem entrar em contato com nossos próprios desejos e necessidades, emoções e anseios. Os dois filhos põem a descoberto o que está oculto em nossas almas. E ambos remetem ao pai misericordioso. É a ele que podemos recorrer, quer sejamos o filho mais novo, quer sejamos o mais velho; o devasso ou o correto e econômico; o temerário ou o acomodado. Os dois estavam mortos, cada um do seu jeito, e tinham se perdido, um na sua vida devassa, e o outro no seu temeroso comportamento correto. Um extravasou sua avidez no esbanjamento; o outro, na avareza. O pai misericordioso convida os dois filhos para a vida, para uma festa alegre; convida-nos a deixar de lado nossa avidez, reencontrar a vida e nos alegrar por causa disso.

Confiabilidade em vez de avidez fraudulenta (Lc 16,9-14)

> "E eu vos digo: Fazei amigos com as riquezas [*Mammon*] injustas, para que sejais recebidos nas moradas eternas no dia do vosso fim. Quem é fiel no pouco também o é no muito, e quem no pouco é infiel também o é no muito. Se, pois, não fostes fiéis nas riquezas injustas, quem vos confiará as riquezas verdadeiras? E se não fostes fiéis no que é dos outros, quem vos dará o que é vosso? Nenhum servo pode servir a dois senhores, pois ou odiará a um e amará o outro, ou será fiel a um e abandonará o outro. Não podeis servir a Deus e às riquezas [ao *Mammon*]." Os fariseus, que gostavam de dinheiro, ouviram tudo isso e zombavam dele. Então Jesus lhes disse: "Pretendeis passar por justos diante dos outros, mas Deus conhece vossos corações; pois o que é importante para as pessoas é abominável diante de Deus".

Lidar corretamente com as coisas

Como já foi mencionado, o público-alvo de Lucas com seu Evangelho foi a classe média grega, ou seja, artífices, grandes proprietários de terras e comerciantes. O que ele pretendeu com esse texto não foi levar essas pessoas abastadas a dar todo seu dinheiro aos pobres e a abandonar sua profissão. O importante para ele era lidar corretamente com as coisas. Nessa linha, Lucas considera importante compartilhar a obrigação social decorrente da propriedade. Ao fazer isso ele sempre tem em mente também a maneira de pensar da filosofia grega.

O primeiro enunciado é que devemos usar o *Mammon* injusto para fazer amigos que nos ajudarão a ser acolhidos nas moradas eternas. O significado original de *Mammon* é: aquilo em que se deposita confiança. Na Bíblia, o conceito é usado, na maioria das vezes, no sentido de patrimônio, mais precisamente, de um patrimônio desonestamente adquirido. Lucas o associa com as palavras gregas *tês adikías*, ou seja, "da injustiça". Isso pode significar: a riqueza injustamente adquirida. Mas pode significar também: a riqueza que engana, que abandona seu possuidor. Em todo caso, com o conceito "*Mammon*" Lucas tem em mente um patrimônio que não pertence por direito à pessoa, que se ganhou de maneira desonesta e no qual, em última análise, não é possível basear-se, porque pode dissipar-se muito rapidamente. Apesar disso, devemos fazer amigos com o *Mammon* injusto; por exemplo, dando esmolas aos pobres que, então, intercederão por nós quando, na morte, se decidir nosso destino eterno. Aqui, portanto, a repartição do patrimônio está em primeiro plano. Se fizermos isso, poderemos confiar que Deus nos receberá em sua morada eterna quando morrermos.

Nos versículos seguintes trata-se do repartir como modo confiável e fiel de lidar com as coisas, com patrimônio e dinheiro. O ser humano deveria ser *pistós* na maneira de lidar com as coisas, o que quer dizer: digno de confiança, fiel, confiável, honesto. Portanto, é importante lidar com as coisas da maneira que corresponde a elas, adequada e corretamente. Nesse contexto, dinheiro e patrimônio são descritos com três palavras que se encontram da mesma forma na filosofia grega: em primeiro lugar, a riqueza é uma coisa pequena e insignificante; em segundo, ela é injusta; e, em terceiro, é um bem estranho. O dinheiro é pequeno em relação aos valores realmente grandes. Para os gregos, a coisa realmente grande é a alma. O dinheiro sempre é, em última análise, algo injusto. Ele não nos cabe por direito; não temos direito a patrimônio. Ele nos foi dado a título de empréstimo. O bem verdadeiro é aquele em que podemos de fato nos basear. O "verdadeiro" é, em última análise, o próprio Deus: a verdade propriamente dita. Tudo o mais neste mundo é apenas aparência que nos engana, que não cumpre o que promete. Os bens deste mundo são, em última análise, estranhos. Eles são algo que vem ao nosso encontro de fora, mas que não corresponde à nossa essência. A verdadeira propriedade é a alma, que está dentro de nós. Ela é nossa verdadeira riqueza.

Mas o que interessa a Lucas não é só a confrontação entre pequeno e grande, entre o bem injusto e o bem verdadeiro e entre o estranho e o próprio. Lucas tem a seguinte convicção: o pressuposto para lidar corretamente com as pequenas coisas deste mundo, com a riqueza injusta e os bens alheios é que recebamos os bens eternos e verdadeiros. Dito de outro modo: a maneira correta de lidar com o mundo é o critério para determinar se nossa espiritualidade está correta ou não. A espiritualidade não é só algo puramente espiritual, mas se efetua, muito antes, na maneira confiável e fiel de lidar com as coisas deste mundo. Ela não se evidencia no fato de emigrarmos deste mundo, mas em lidar com o dinheiro e a riqueza sem avidez, sendo fiéis e confiáveis, fazendo jus às coisas.

A ganância profana o ser humano

Lucas associa a essas regras de como lidar corretamente com as coisas a palavra do escravo doméstico que não pode servir a dois senhores: "Ou odiará a um e amará o outro, ou será fiel a um e abandonará o outro". O ser humano precisa se decidir: ou se deixa levar pela ganância e, nesse caso, serve ao ídolo do dinheiro – ao *Mammon* –, ou serve a Deus. Não é possível amar Deus e o dinheiro da mesma maneira. Jesus diz claramente: Você deve decidir entre

Deus e o dinheiro. Isso naturalmente não significa – se incluirmos os versículos anteriores – que não devemos ter dinheiro algum. Mas a questão é a que nos apegamos de coração. Se nos apegarmos de coração a Deus, conseguiremos lidar serena e livremente com dinheiro e posse, mas não seremos determinados por estes.

Lucas narra a reação dos fariseus, dos quais ele diz que "gostavam de dinheiro". Eles são *filárgyroi*, amam o dinheiro. Eles dão risada do que Jesus disse. Mas Jesus discerne a sua avidez. Eles também usam Deus para serem exteriormente bem-sucedidos, ganhar dinheiro e serem bem-vistos pelas pessoas. Jesus emite um juízo duro: "Pretendeis passar por justos diante dos outros, mas Deus conhece vossos corações; pois o que é importante para as pessoas é abominável diante de Deus". Quem ostenta posse e riqueza ou então seu sucesso até pode ser considerado grande pelas pessoas, mas Deus olha dentro do coração. E com frequência Ele vê dentro dessas pessoas a abominação. Para os judeus, essa expressão indica aquilo que profana o sagrado; eles falam da abominação no templo. Portanto, a ganância é algo que profana o sagrado dentro do ser humano, algo que profana a alma. Quando isso acontece, não há mais nada no ser humano que esteja isento do mundo; ele é determinado pelo mundo do começo ao fim. No entanto, sem o sagrado no coração o ser humano perde sua dignidade.

O que Lucas escreve sobre a maneira correta de lidar com as coisas e com os bens foi concretizado por Bento em sua regra, mais precisamente no capítulo em que escreveu sobre os artífices. Lidar com as coisas de maneira confiável, fiel e digna de confiança significa para Bento:

1) Não ser presunçoso, não elevar-se acima das coisas e não usar as coisas exclusivamente para exaltar a si mesmo e a sua própria capacidade. Ser fiel significa aqui: ser humilde, estar em relação com as coisas.

2) Não cometer fraude. Aqui se trata do contrário de *pistós* (fiel e digno de confiança). Comete fraude quem diz que as coisas são melhores do que realmente são. Uma expressão atual dessa fraude é com bastante frequência o *marketing*. A louvação das

coisas muitas vezes já não tem mais relação com as próprias coisas. O que interessa não é a qualidade, mas o sucesso de vendas. A indústria farmacêutica norte-americana gasta mais dinheiro com *marketing* do que com pesquisa. Portanto, ela não está interessada em inovação e melhoramento, mas exclusivamente nas vendas. Essa é a forma moderna de fraude visualizada por Bento já em sua época.

3) O mal da ganância – *malum avaritiae* – não pode se infiltrar. Os monges artífices não devem tirar o máximo de lucro de suas mercadorias, e assim servir à ganância, mas vender seus produtos por um preço um pouco mais baixo "do que é possível fora do mosteiro, para que em tudo Deus seja glorificado" (RB 57,8s.).

Bento concretiza aqui o que Jesus disse em Lc 16,10ss. a respeito da maneira confiável, e digna de confiança, de lidar com as coisas. Para ele, essa maneira confiável de lidar com as coisas é sinal de espiritualidade autêntica. Para Bento, Deus é glorificado exatamente pela nossa maneira fiel e honesta de lidar com as coisas deste mundo. Trata-se, portanto, de uma espiritualidade com os pés no chão. Estar livre da ganância é uma condição para que Deus seja glorificado por meio do nosso trabalho e da venda dos nossos produtos. Se em nosso comportamento como negociantes as pessoas identificarem apenas a nossa ganância, Deus ficará obscurecido para elas. Se, contudo, reconhecerem em nosso trabalho a humildade, a liberdade, a transparência e a credibilidade, seu olhar ficará desimpedido para Deus. Elas reconhecerão em nosso comportamento que o mais importante para nós é Deus, e não nós mesmos; que o mais importante é a glória de Deus, e não a nossa própria glorificação.

Doze passos para uma avidez liberada

Tendo como pano de fundo os textos bíblicos que nos mostraram as mais diversas facetas da avidez, eu gostaria de apresentar ainda doze passos para chegar a uma avidez liberada. Esses passos não são uma receita patenteada para superar a avidez. Eles visam, muito antes, indicar a direção em que podemos caminhar. Em todos esses pontos não se trata de combater e derrotar a avidez. Pois se lutarmos contra ela, ela despertará em nós uma força contrária e teremos de combatê-la sempre. O objetivo desses doze passos é, muito antes, a transformação da avidez em prazer de viver. A tendência atual é manter-se em constante mudança, como, por exemplo, em algumas empresas, nas quais a cada par de meses são introduzidas mudanças na estrutura e no modo operacional. No entanto, mudança é algo agressivo. Quem quer mudar diz para si mesmo: Não estou bem assim como estou; preciso tornar-me um outro. "Outro" também é um número ordinário e significa: dois, o segundo. Nesse caso, a mudança faz de mim, por assim dizer, uma segunda opção. Em contraposição, o objetivo da transformação é que eu me torne totalmente eu mesmo. Mas, para isso, preciso primeiro aceitar quem sou; devo apreciar-me com tudo o que me tornei. Por meio de tudo que sou eu gostaria de tornar-me cada vez mais aquele que propriamente sou a partir de Deus. Há muitas vias de transformação. Eu gostaria de mencionar fundamentalmente três:

1) Para transformar água em energia elétrica construímos uma represa e depois fazemos a água descer por ela. A transformação acontece de modo semelhante: montamos uma resistência contra a avidez, algo que a represa para que possa fluir para dentro de outra energia.

2) A transformação acontece na medida em que expomos diante de Deus tudo o que há em nós. O Espírito de Deus permeará e transformará, então, aquilo que expomos diante dele. Só pode ser transformado aquilo que expomos diante de Deus, e o que acontece no encontro com Ele pode acontecer também no encontro com uma pessoa. Se contarmos a outra pessoa sobre a nossa avidez sem nos envergonhar disso, a avidez poderá ser transformada. A Carta aos Efésios expressa da seguinte maneira essa via de transformação:

> Tudo que é posto a descoberto é iluminado pela luz, e tudo que é iluminado é luz (Ef 5,13s.).

O que exponho diante de Deus é iluminado pela luz e transformado em luz.

3) A transformação acontece na ação. Posso, portanto, simplesmente experimentar e exercitar novas atitudes. E, ao experimentá-las, as velhas atitudes se transformam.

Estas três vias de transformação estão por trás dos doze passos que eu gostaria de expor agora, visando transformar a avidez em impulso para a vida.

1º passo: Admitindo a avidez

Só podemos transformar aquilo que aceitamos. Em consequência, o primeiro passo consiste em admitir que somos ávidos. Cada qual perceberá em si uma avidez diferente: um é movido pela avidez por reconhecimento, o outro pela avidez por atenção e popularidade. Outros ainda são ávidos por estar constantemente em comunicação com o mundo todo.

Uma maneira de não ter de admitir a sua própria avidez consiste em embasar e fundamentar sua ação e sua busca com outros motivos. Por exemplo, quando se trata da avidez por informações, a pessoa alega querer estar bem-informada porque precisa disso para a sua profissão. É preciso continuar subindo a escada da carreira para obter mais influência sobre a sociedade. Muitas dessas razões podem até ser justificadas e verdadeiras, mas deveríamos analisar bem se não estamos escondendo nossa avidez atrás desses argumentos. Quem quer fundamentar demais é porque não tem base onde se apoiar. Admitir a sua própria avidez é o pressuposto de sua transformação. Porém, admito a avidez não só para mim mesmo, mas também diante de outras pessoas e diante de Deus. Isso exige humildade, pois é difícil para mim admitir que ainda sinto avidez em mim, apesar de todas as vias espirituais que percorri.

2º passo: Dialogando com a avidez sobre seu sentido

Tudo o que há em nós tem um sentido. Isso vale também para a avidez. A questão, no entanto, é esta: Qual o sentido da avidez em nós? A avidez boa quer nos impulsionar para a vida. Porém, com frequência, identificamos em nós também uma avidez que nos domina e que quer ter cada vez mais. Quando perguntamos pelo seu sentido descobrimos em nós com frequência um déficit que nos faz sofrer. A avidez busca cobrir esse déficit. Por exemplo, ansiamos por ter cada vez mais dinheiro porque desde a infância tínhamos a sensação de ter sido prejudicados. Ou ansiamos por ter um apoio absolutamente seguro porque, como crianças, nunca tivemos segurança na relação com nossos pais. Talvez também ansiemos por ser admirados por todos, por termos sido pouco vistos. Ou gostaríamos de sentir a nós mesmos porque na infância aprendemos muito pouco sobre como estar conosco mesmos, como sentir-nos, como desfrutar nossos sentimentos. Desconectamos os nossos sentimentos, separamo-nos do nosso corpo, porque nunca aprendemos a amá-lo realmente.

A avidez é uma estratégia da alma para compensar nossa deficiência. Se dialogarmos nesses termos com a avidez, não entraremos em luta contra ela, mas reconheceremos seu sentido. Porém, ao mesmo tempo, veremos que frequentemente ela constitui uma maneira inadequada de compensar nossos déficits, pois nos causa novas dificuldades. Ela nos leva a uma dependência interior e às vezes também a compulsões. Vivemos, por assim dizer, sob a compulsão de ter cada vez mais dinheiro, de atrair cada vez mais atenção para nós, de buscar cada vez mais apoio na posse ou em uma pessoa.

O diálogo com a avidez poderia, como consequência, ser um convite a desenvolver outras estratégias para compensar nossos déficits, como também um modo de encarar melhor o buraco interior que ela pretende tapar e preenchê-lo com algo que realmente proporcione apoio. Isso é, em última análise, o amor; não só o amor de um ser humano, mas também o amor de Deus.

3º passo: Pensando a avidez até as últimas consequências

Uma ajuda para superar a avidez é pensá-la até as últimas consequências. Isto é, imagino, por exemplo: ganho cada vez mais dinheiro. Fico satisfeito com isso? Fico interiormente tranquilo quando isso acontece? Ou quando um número cada vez maior de pessoas me admira, isso realmente satisfaz o meu anseio? Eu me assegurei contra tudo. Isso realmente me proporciona vitalidade ou apenas me paralisa? A avidez realmente faz com que eu sinta a mim mesmo ou ela me afasta cada vez mais dos meus reais sentimentos e do meu corpo?

Admitindo a avidez e pensando-a até as últimas consequências, consigo relativizá-la. Ao mesmo tempo, posso perguntar a mim mesmo: O que me proporciona verdadeira tranquilidade e verdadeira liberdade? A avidez poderia ser para mim, então, uma maneira de buscar a tranquilidade e a liberdade verdadeiras; poderia me levar a ter fé e confiança em Deus. Simultaneamente ela poderia provocar em mim uma inquietação boa, que não me deixa simplesmente levar uma vida saciada, mas que me impulsiona a continuar buscando até encontrar de fato a tranquilidade. A inquietação interior de Agostinho acabou levando-o até Deus. Ele escreve: "Inquieto é o nosso coração até que descanse em ti, meu Deus". Desse modo, a avidez se torna uma amiga que me incentiva a buscar Deus; a vitalidade, a tranquilidade e a liberdade que procedem dele.

4º passo: Caminhos para a liberdade interior

Os budistas dizem que devemos aprender a não nos segurar nas coisas terrenas nem nos prender a elas. O cristianismo também desenvolveu vias espirituais para chegar à liberdade interior em relação a elas. Uma das vias é nos perguntar em relação a tudo o que buscamos avidamente: Isso realmente me faz feliz? O que significa para mim o dinheiro, a comida, a fama, fazer compras? Faço uma sondagem dentro de mim para ver se sou dependente dessas coisas. E ao constatar uma dependência interna monto um programa para exercitar minha liberdade interior. Na tradição cristã, o período da Quaresma é um bom exercício de liberdade interior. Renuncio conscientemente por um tempo a certas comidas, bebidas alcoólicas, meios de comunicação (televisão, internet), fazer compras... para testar se ainda sou interiormente livre. Esse treinamento não é determinado por proibições interiores, mas pelo prazer da ascese. Na liberdade momentânea que passo a perceber sinto o prazer que espero da avidez. O caminho da renúncia é marcado pela imagem da represa que construo para transformar a energia da água em eletricidade, isto é: renunciando ao que a avidez constantemente exibe diante dos meus olhos construo uma represa. Então sou capaz de transformar avidez em liberdade interior. O que espero da avidez – maior prazer de viver – passo a vivenciar de repente por meio da renúncia e da liberdade interior que a renúncia me proporciona.

5º passo: Transformando a avidez em alegria de viver

O que espero da avidez é que ela me proporcione mais prazer de viver. O ser humano totalmente livre da sensação de avidez tampouco deseja a vitalidade; ele apenas vegeta. Consequentemente, é importante transformar a avidez em autêntica alegria de viver. São

Bento indica, em sua regra, o caminho que deve seguir o homem jovem que aceita o convite para aprender no mosteiro o prazer de viver. Neste texto Bento cita o Sl 34:

> Queres vida verdadeira e permanente, então refreia a tua língua do mal e os teus lábios das maledicências! Evita o mal e pratica o bem; procura a paz e vai à caça dela! (RB, Prólogo 17 = Sl 34,14s.).

O jovem monge aprende o verdadeiro prazer de viver quando refreia sua língua e quando pratica o bem, em vez de praticar o mal. A prática do bem lhe transmite prazer de viver. Além disso, ele deve procurar a paz e ir à caça dela. Igualmente deve aproveitar o impulso da avidez com que ele costuma correr atrás do prazer, do dinheiro ou da fama para sair à caça da paz. É uma imagem paradoxal, pois associamos a paz mais propriamente à tranquilidade e à quietude. No entanto, o salmista nos conclama a sair à caça da paz. Devemos proceder com a paz como o caçador que sai avidamente ao encalço do cervo. Devemos colocar toda a energia para alcançar a paz em nós e à nossa volta.

A avidez muitas vezes não atinge o objetivo que almeja. O cerealista rico, por exemplo, queria desfrutar a vida. No entanto, ele posterga o desfrute, e por isso jamais o vivenciará. Vivencia o real prazer de viver só quem vive inteiramente no presente, quem está interiormente livre e vai à caça do que lhe traz a verdadeira paz. A transformação mais duradoura da avidez acontece quando aprendemos a arte de viver inteiramente no instante.

Quando vivo inteiramente no instante, sem precisar me avaliar, sem precisar me justificar por não fazer nada naquele momento, quando simplesmente estou ali, experimento o verdadeiro prazer de viver. Então a avidez se desfaz. Vivencio as coisas pelas quais ansiei na minha avidez. Porém, não preciso de nada para isso, nem de dinheiro, nem de fama, nem de atenção, apenas do puro existir. Nesse puro ser vivencio o que Sísifo quis alcançar mediante o seu esforço: a divinização. Deus é puro ser. Quando simplesmente sou, sem qualquer comentário, vivencio Deus, estou em Deus, sou parte de Deus.

6º passo: Transformando a avidez em ambição

A avidez por reconhecimento e fama, por ser visto e por ser popular jamais será totalmente saciada. Por outro lado, se mortificarmos completamente a avidez, nossa vida ficará monótona; não teremos ambição alguma de fazer algo em nossa vida. Os Padres do Deserto, que conheciam muito bem as paixões humanas, recomendavam para transformar a avidez em ambição; esta nos impele a superar nossos erros e a aprender a sermos disciplinados. Portanto, uma "virtude mundana" – por exemplo, a de querermos ser vistos pelas pessoas –, pode perfeitamente nos impelir a sermos bons. No entanto, justamente por sentirmos a ambição e por nos deixarmos impulsionar por ela, também podemos ter uma atitude de distanciamento dela. Dizemos então: É claro que eu desejo que minha palestra cause uma boa impressão nas pessoas. Porém, neste instante o que interessa não sou eu nem o modo como as pessoas me veem, mas o fato de Deus tocar os corações das pessoas. Portanto, ao aceitar a ambição, também posso sempre transformá-la em permeabilidade para Deus. A ambição me impeliu a preparar bem a prédica. Porém, no instante em que a proclamo, deixo-a de lado e tento ser permeável para o Espírito de Deus, que deve falar através de mim.

7º passo: Transformando a avidez em gratidão

A avidez nos impele a querer e a ter cada vez mais. Um importante impulso para a avidez, nesse ponto, é a comparação com os outros. Queremos cada vez mais para ter mais dinheiro do que nossos semelhantes, mais posse, mais reconhecimento, mais popularidade. Uma maneira importante de transformar a avidez é a renúncia a comparar-nos com as outras pessoas, que é um ato quase instintivo. Isso seguidamente chama a minha atenção quando dou um curso e as pessoas que o frequentam entram no recinto pela primeira vez. Elas se comparam com as demais: Estas são mais velhas ou mais jovens, mais inteligentes ou mais tolas, mais espirituais ou mais mundanas do que eu? Sua aparência é melhor do que a minha? Elas têm mais autoestima do que eu? Como estão sentadas: totalmente inseguras ou totalmente autoconfiantes? Como eu me sento? Não conseguimos resistir à tentação de nos comparar. Mas no mesmo momento em que fazemos isso deveríamos tomar consciência do ato e interrompê-lo. Deveríamos tomar a comparação com os outros como ensejo a ser gratos pela nossa própria vida, por nós mesmos como a pessoa singular que somos. O ato de comparar converte-se em convite para olhar com gratidão para mim mesmo e para a minha vida, pois o ato de comparar jamais me deixará tranquilo e a gratidão, ao contrário, me dará paz.

Inversamente também vale o seguinte quanto à virtude da gratidão. Saudando, por exemplo, com gratidão, o dia a cada manhã e devolvendo-o às mãos de Deus, também com gratidão, ao anoitecer, a avidez que há em nós vai diminuindo. Ela vai perdendo o poder que tem sobre nós. A gratidão é a atitude que não dá chances à avidez em nosso interior; ela nos proporciona tranquilidade. A palavra alemã para agradecer, *danken*, tem origem no termo alemão para pensar, *denken*: quem reflete corretamente sobre a sua vida é agradecido. A gratidão nos leva a uma atitude de alegria e satisfação. Pessoas gratas são sempre pessoas agradáveis; pessoas ávidas nos causam repulsa. Quando observamos pessoas gratas e pessoas ávidas em nosso entorno somos incentivados a conceder à gratidão um espaço maior em nós do que à avidez, pois na verdade gostaríamos de ser queridos, e não rejeitados pelas demais pessoas. Também nesse ponto a avidez acaba nos impelindo a desenvolver a ambição de sermos aceitos pelas pessoas e, por meio dessa ambição, transformar a avidez em gratidão.

8º passo: Transformando a avidez em solidariedade

A avidez provoca solidão. Na verdade, pessoas ávidas gostariam de obter reconhecimento das demais por meio de sua riqueza. Foi o caso de Zaqueu, o chefe dos coletores de impostos, que era de estatura pequena e procurou compensar seus sentimentos de inferioridade amealhando o máximo de dinheiro que podia. Porém, sua avidez fez com que ficasse cada vez mais isolado, e, em vez de ser admirado, foi rejeitado pelas pessoas. Quando Jesus olhou para ele e o aceitou incondicionalmente, a avidez de Zaqueu foi transformada em solidariedade. Naquele momento, ele se dispôs a dar metade dos seus bens aos pobres. Naquele momento, ele não tinha mais necessidade de se colocar acima dos pobres com sua riqueza. Ele desceu de sua figueira brava e se tornou solidário com as demais pessoas. Quando experimentamos comunhão com as pessoas e nos sentimos solidários com elas em sua necessidade, a nossa avidez desaparece; a solidariedade destitui a avidez em nós e nos leva a fazer a experiência que durante anos almejamos por meio da nossa avidez: ser reconhecidos e vistos. Alguns moralistas denunciam apenas a avidez do "capitalismo de cassino". Mas essa moralização fica sem efeito. O moralista se sente bem quando denuncia outros. No entanto, ele não cura o que está rejeitando. Ser solidário significa estar ciente de que cada um de nós tem avidez dentro de si; consequentemente, significa desistir de uma crítica generalizante inefetiva e indicar maneiras de convivermos, apesar de nossa avidez.

9º passo: Transformando a avidez em empatia

Os budistas contrapõem a empatia à avidez. A avidez é a causa de todos os males. A empatia é o destino da via espiritual, que sempre é uma via que leva para fora da avidez. O que os budistas chamam de empatia a Bíblia descreve com os conceitos misericórdia e compaixão. Jesus nos conclama:

> Sede misericordiosos como vosso Pai é misericordioso! (Lc 6,36).

Nesta passagem, Lucas usa a palavra grega "*oiktirmôn*", que significa "condoer-se". Essa empatia é característica de Deus. Quando nós a praticamos entendemos quem é Deus, temos parte nele e em sua mentalidade.

Na medida em que sinto empatia com as pessoas com que me encontro, deixo de encará-las como concorrentes que preciso desbancar mediante riqueza ou fama ainda maiores. Na medida em que sinto empatia com os animais, deixo de tratá-los como mercadorias sem valor em matadouros e deixo de querer comprar, movido pela avidez, carne cada vez mais barata para consumo. E, na medida em que sinto empatia com as plantas, deixarei de espoliar a natureza e de destruí-la em função da minha avidez. Quem sente empatia com seres humanos, animais e plantas trata-os com cuidado. A avidez me deixa cego para seres humanos, animais e plantas à minha volta. A empatia abre meus olhos e me dá a sensação de estar abrigado e pisando em chão firme.

O exercício da empatia supera a avidez. E inversamente vale isto: devo transformar minha avidez em empatia. Como fazer isso? A meu ver, pensando até as últimas consequências minha avidez por usar os seres humanos, os animais e as plantas exclusivamente para atingir meus fins, por abusar deles e espoliá-los. Na medida em que tenho em mente o quanto machuco seres humanos, animais e plantas com a minha avidez, a empatia com eles é despertada em mim, pois acredito que ninguém é tão sadista que possa se alegrar a longo prazo com a espoliação deles. Na medida em que temos em mente os espoliados, cresce em nós a empatia. E isso destitui a avidez.

10º passo: Transformando a avidez em confiabilidade

No budismo, procura-se superar a avidez cortando a relação com o mundo. Isso significa: o mundo com sua riqueza não tem mais nada a ver comigo. Retiro-me para dentro de mim mesmo. Assim, a avidez não tem mais poder sobre mim. Trata-se de uma via ascética que certamente tem paralelos no cristianismo. Lucas, no entanto, mostra-nos em seu Evangelho outra via para transformar a avidez: não podemos simplesmente cortar a relação com o mundo, com a posse, com o dinheiro, com a riqueza... pois isso equivaleria a emigrar do mundo. Mas nós vivemos no mundo, e como cristãos – diz Lucas – somos responsáveis pela maneira de lidar com ele. Por isso Lucas recomenda que trilhemos a via da confiabilidade e da fidelidade na maneira de lidar com a posse e a riqueza.

Não podemos emigrar do mundo, mas devemos moldá-lo. Na medida em que lidamos de maneira confiável e fiel, justa e adequada com as coisas deste mundo, a avidez será superada. Não podemos anular a relação com o mundo, mas podemos transformar a avidez em confiabilidade e fidelidade. Nesse caso, a avidez permanece como impulso para lidar de maneira boa e adequada com o mundo, sem perder a energia contida na avidez. Também nesse ponto os Padres do Deserto nos aconselham. Eles nos dizem para tomar a energia contida nas paixões para aprender a virtude. Assim, devemos usar a energia contida na avidez para nos dedicar de maneira adequada às coisas deste mundo e tratá-las com cuidado.

11º passo: Aprendendo a arte de desfrutar

O ávido é insaciável; quer desfrutar cada vez mais. Porém, esse "cada vez mais" tem a ver com o fato de que não consegue desfrutar realmente. Ele não consegue desfrutar a comida e, em consequência, entope-se cada vez mais com ela. Os psicólogos nos dizem que as pessoas em luta contra o sobrepeso muitas vezes não têm o paladar apurado. Por não sentirem o sabor da comida são capazes de se entupir com ela, sem moderação. A superação da avidez pode até acontecer no jejum, mas não no jejum e na renúncia permanentes. A avidez é superada, muito antes, na medida em que aprendemos a desfrutar de verdade.

Isso não vale somente para a comida e a bebida, mas também para outras coisas. Quando percebo minha casa com todos os sentidos e nela me sinto confortável e seguro, desfruto o lar que experimento dentro dela. Quando isso acontece, não preciso constantemente de uma casa ainda maior para morar, para depois me gabar disso. As pessoas ávidas que se vangloriam de suas casas grandes e caras, geralmente não se sentem bem nelas. Elas usam sua casa para seus fins, mas são incapazes de desfrutá-la como lugar de acolhimento e como um lar. Quem sabe desfrutar um bom passeio pelo bosque não tem necessidade de sair de férias para regiões cada vez mais distantes e caras e de ter cada vez mais luxo. Ele está satisfeito porque sabe desfrutar, e este supera a avidez. Ao pensar a avidez até as últimas consequências descubro em mim a capacidade de desfrutar as pequenas coisas da vida.

12º passo: Aprendendo a serenidade

O ávido precisa ter cada vez mais. Ele vive – nas palavras de Erich Fromm – no modo do ter. Quem experimentou o modo do ser é capaz de deixar as coisas. Ser significa também: deixar ser. Deixo as pessoas serem como são; deixo a natureza como ela é; não preciso mudar tudo constantemente. Também posso deixar a mim mesmo. Deixar sempre tem a ver também com deixar ir, desprender-se: desprendo-me do meu ego; desprendo-me da avidez. Um princípio da espiritualidade e também da psicologia tem o seguinte teor: só posso desprender-me do que aceitei. Portanto, só poderei desprender-me da minha avidez depois de tê-la aceitado. A avidez seguidamente emergirá em mim. Olho para ela, percebo-a, aceito-a como uma parte da minha alma, mas em seguida também a deixo ir; não a combato; não a mando embora aos berros. Pois, ao ouvir os berros, ela se retrairá por um momento, mas logo voltará com força ainda maior. Aceito a minha avidez e, nesse mesmo instante, deixo-a de lado. Quanto maior a frequência com que exercito isso, tanto mais fraca ela se tornará. Minha avidez é um convite insistente para desprender-me de mim e de minhas paixões.

Depois de me desprender do meu ego e quando puder deixar que eu mesmo e as coisas do mundo sejam como são, alcanço a serenidade. Posso, então, olhar sereno e tranquilo para o mundo; deixo de me irritar com tudo. A serenidade me dá, ao mesmo tempo, a confiança de que as coisas do mundo mudam sem que eu tenha de fazer pessoalmente. Foi justamente o sábio chinês Lao Tsé que identificou a serenidade como a arte de transformar este mundo efetivamente. Tudo o que é grande cresce por meio da serenidade. Quanto mais eu quiser mudar as pessoas, tanto maior a dificuldade que encontro; quando serenamente eu puder deixá-las ser, elas mudarão e assumirão a forma que foi projetada para elas por sua essência; ou, em termos cristãos: que foi projetada para elas por Deus.

Referências

CLEMENS VON ALEXANDRIEN. *Stromateis (Teppiche)*: Wissenschaftliche Darlegungen entsprechend der wahren Philosophie. Munique, 1936-1938 [Trad. do grego por Prof.-Dr. Otto Stählin] [Bibliothek der Kirchenväter, 2. série, vols. 17, 19, 20].

DELLING, G. Pleonexia. In: *Theologisches Wörterbuch zum Neuen Testament*. Stuttgart, 1990, p. 266-273.

FRANK, K.S. Habsucht. In: *Reallexikon für Antike und Christentum (RAC)*. Bonn.

FROMM, E. *Haben oder Sein* – Die seelischen Grundlagen einer neuen Gesellschaft. Stuttgart, 1977.

HEIDEGGER, M. *Sein und Zeit*, 19. ed. Berlim, 2006 [Ed. bras.: *Ser e tempo*. Campinas/Petrópolis: Unicamp/Vozes, 2012 [Trad. Fausto Castilho].

HEININGER, B. *Metaphorik* – Erzählstruktur und szenisch-dramatische Gestaltung in den Sondergutgleichnissen bei Lukas. Munique, 1991.

LUZ, U. *Evangelium nach Matthäus*. Vols. I, II e III, Zurique-Neukirchen, 1985-1995.

SCHELLENBAUM, P. *Abschied von der Selbstzerstörung* – Befreiung der Lebensenergie. Stuttgart, 1989.

SCHLIER, H. *Der Brief an die Epheser* – Ein Kommentar. Düsseldorf, 1963.

SCHORLEMMER, F. *Die Gier und das Glück* – Wir zerstören, wonach wir uns sehnen. Friburgo, 2014.

VAN IERSEL, B.M.F. *Markuskommentar*. Düsseldorf, 1993.

Índice